**Ciência Política:
da Antiguidade
aos dias de hoje**

O selo DIALÓGICA da Editora InterSaberes faz referência às publicações que privilegiam uma linguagem na qual o autor dialoga com o leitor por meio de recursos textuais e visuais, o que torna o conteúdo muito mais dinâmico. São livros que criam um ambiente de interação com o leitor – seu universo cultural, social e de elaboração de conhecimentos –, possibilitando um real processo de interlocução para que a comunicação se efetive.

Ciência Política:
da Antiguidade
aos dias de hoje

Fernando Leite

EDITORA intersaberes

Rua Clara Vendramin, 58 . Mossunguê
CEP 81200-170 . Curitiba . PR . Brasil
Fone: (41) 2106-4170
www.intersaberes.com
editora@editoraintersaberes.com.br

Conselho editorial
   Dr. Ivo José Both (presidente)
   Dr.ª Elena Godoy
   Dr. Nelson Luís Dias
   Dr. Neri dos Santos
   Dr. Ulf Gregor Baranow
Editora-chefe
   Lindsay Azambuja
Supervisora editorial
   Ariadne Nunes Wenger
Analista editorial
   Ariel Martins

Preparação de originais
   Didaktiké Projetos Educacionais
Capa
   Charles L. da Silva (*design*)
   Filipe Frazao, Orhan Cam, brunop
   nogueira86/Shutterstock (imagens)
Projeto gráfico
   Bruno de Oliveira
Diagramação
   Cassiano Darela
Iconografia
   Regina Claudia Cruz Prestes

Dados Internacionais de Catalogação na Publicação (CIP)
(Câmara Brasileira do Livro, SP, Brasil)

Leite, Fernando
   Ciência Política: da Antiguidade aos dias de hoje/Fernando Leite.
Curitiba: InterSaberes, 2016.

   Bibliografia.
   ISBN 978-85-5972-232-1

1. Ciência política I. Título.

16-08437   CDD-320

Índices para catálogo sistemático:
1. Ciência política 320

1ª edição, 2016.
Foi feito o depósito legal.
Informamos que é de inteira responsabilidade do autor a emissão de conceitos.
Nenhuma parte desta publicação poderá ser reproduzida por qualquer meio ou forma sem a prévia autorização da Editora InterSaberes.
A violação dos direitos autorais é crime estabelecido na Lei n. 9.610/1998 e punido pelo art. 184 do Código Penal.

Sumário

9 *Apresentação*
13 *Como aproveitar ao máximo este livro*
17 *Introdução*

Capítulo 1
21 **O alvorecer de uma disciplina**

(1.1)
23 Contando a história de uma disciplina

(1.2)
29 A Antiguidade Clássica e os princípios da política

(1.3)
34 Aristóteles: da política ideal à política real

(1.4)
44 O estoicismo e os fundamentos da ética naturalista

Capítulo 2
55 Idade Média, Renascimento e Iluminismo

(2.1)
57 A teologia cristã e a apropriação da filosofia política greco-romana

(2.2)
58 Maquiavel e o realismo político

(2.3)
60 O contrato social: transformando vícios em virtudes

(2.4)
66 A separação dos poderes: um grande progresso

(2.5)
68 Século XIX: o alvorecer da Ciência Política

Capítulo 3
79 A Ciência Política nos Estados Unidos

(3.1)
83 Relações entre disciplinas e a autonomia da Ciência Política

(3.2)
86 Democracia, política institucional e cientificidade

Capítulo 4
99 Tradições intelectuais

(4.1)
102 Tradição humanística e tradição científica

(4.2)
105 A ascensão da ciência

(4.3)
109 História e estatística

Capítulo 5
117 **Tradições disciplinares e intelectuais na Ciência Política brasileira**

(5.1)
119 Os intelectuais e a influência do modelo humanístico

(5.2)
130 A tradição societal: entre o humanismo e a ciência

Capítulo 6
143 **A institucionalização e a autonomização da Ciência Política brasileira**

(6.1)
146 A gênese da Ciência Política no Brasil

(6.2)
149 A política e a ciência da política

(6.3)
152 Cientificidade e conflito com a Sociologia: a experiência na Flacso

(6.4)
157 A consolidação de uma nova visão disciplinar: a experiência estadunidense e o conflito com as tradições humanística e societal

(6.5)
171 A Ciência Política brasileira atual

179 *Para concluir...*
183 *Referências*
193 *Respostas*
201 *Sobre o autor*

Apresentação

Quando falamos em estudar alguma disciplina, geralmente estamos pensando em estudar o seu conteúdo, em vez da sua história ou o contexto de seu desenvolvimento. Estudar Matemática significa estudar números, fórmulas e equações; estudar Sociologia significa ler e interpretar teorias e dados que nos informam algo sobre o funcionamento da sociedade; já estudar Ciência Política é estudar a organização dos partidos políticos, as formas de governo, a cultura política dos cidadãos, entre outros assuntos.

Mas o estudo de uma disciplina vai além disso. Além de estudar Matemática, Sociologia e Ciência Política; podemos estudar a matemática, a sociologia ou a ciência política, ou seja, as ciências que compreendem essas disciplinas[1]. Ora, cada disciplina tem sua história, suas fórmulas e suas abordagens e o local onde seus estudos

---

1 Neste livro, quando tratarmos da disciplina institucionalizada, isto é, da matéria curricular com formato didático e com regras e objetivos definidos e delimitados, adotaremos a grafia Ciência Política, com as iniciais em caixa-alta. Quando tratarmos da ciência ou da área do conhecimento que abrange a disciplina de Ciência Política, adotaremos a grafia ciência da política, com as iniciais em caixa-baixa. O mesmo procedimento será adotado para as demais disciplinas/ciências: Matemática/matemática, Física/física etc. Embora as ciências compreendam as respectivas disciplinas, essa distinção se faz necessária para que o leitor se situe nos contextos abordados.

ocorrem mudam com o passar do tempo. Portanto, assim como olhar para o nosso passado ajuda-nos a entender a pessoa que somos hoje, entender a trajetória das ideias e dos contextos nos quais as ideias foram elaboradas ajuda-nos a entendê-las melhor, ou seja, olhar para a história das coisas é um poderoso meio para compreendê-las.

Muitas vezes, uma disciplina é influenciada por fatores externos a ela – por exemplo, as forças sociais e políticas que atuam sobre os acadêmicos, os aspectos relativos à formação desses acadêmicos, a forma como a pesquisa é feita, entre outros fatores. E para que entender tudo isso? Ora, porque entendendo essas influências, conseguimos conhecer mais a natureza e as características de uma disciplina, aumentando nosso poder para conduzi-la da melhor forma possível.

Por meio deste livro, pretendemos pensar a própria disciplina de Ciência Política, que se apresenta com esse nome há pouco mais de 100 anos, o que a torna uma área de estudo relativamente recente. Contudo, estudos sobre a política são milenares e tratam de uma questão de vital importância: a forma como somos governados. Ora, há poucas coisas que atingem nossa vida de forma mais pungente do que a política, quer nós queiramos, quer não.

Nosso foco principal é a Ciência Política brasileira. Entretanto não nos restringiremos a ela. Os estudos políticos brasileiros estão inseridos em uma longa história da ciência política, que remonta à Antiguidade. Além disso, os estudos desenvolvidos no Brasil têm relação com os de outros países, em particular com a Ciência Política estadunidense e com a sociologia francesa.

Com o objetivo de fazer uma reflexão acerca da Ciência Política, organizamos o livro em cinco capítulos. No primeiro exploramos as raízes históricas da ciência da política, dedicando-nos à filosofia política da Antiguidade, que trata de problemas e temas fundamentais dessa ciência, como a definição de política, as questões da virtude e do conhecimento e a teoria das formas de governo.

Visando entender melhor os aspectos históricos dessa disciplina, no segundo capítulo trataremos dos estudos sobre filosofia política desenvolvidos na Idade Média, no Renascimento e no Iluminismo, apresentando o modo como os pensadores desses períodos lidaram com as questões formuladas pelos pensadores gregos e romanos e a formação de estudos políticos de orientação empírica.

A forte influência exercida pela Ciência Política estadunidense nos estudos dessa disciplina em nosso país é o tema do terceiro capítulo, em que ressaltaremos os principais elementos da sua história nos Estados Unidos.

No quarto capítulo, dedicaremo-nos às tradições intelectuais humanística e científica, principais alicerces da Ciência Política brasileira, abordando como essas tradições estruturaram a disciplina e verificando, por exemplo, a oposição entre métodos estatísticos e históricos.

No quinto capítulo, mostraremos os grupos e as tradições que precederam a Ciência Política brasileira, abordando o papel dos modelos humanístico e societal, representado por grupos de intelectuais e de cientistas sociais que antecederam a Ciência Política no Brasil.

Por fim, no sexto e último capítulo, apresentaremos o grupo de cientistas políticos responsável pela institucionalização e pela autonomia da Ciência Política no Brasil, além de apontarmos como ela está organizada nos dias de hoje.

Esperamos que este livro forneça a você, leitor, os meios para pensar a política, não apenas compreendendo seu funcionamento, mas também orientando sua ação no mundo. Boa leitura!

Fernando Leite

Como aproveitar ao máximo este livro

Este livro traz alguns recursos que visam enriquecer o seu aprendizado, facilitar a compreensão dos conteúdos e tornar a leitura mais dinâmica. São ferramentas projetadas de acordo com a natureza dos temas que vamos examinar. Veja a seguir como esses recursos se encontram distribuídos no decorrer desta obra.

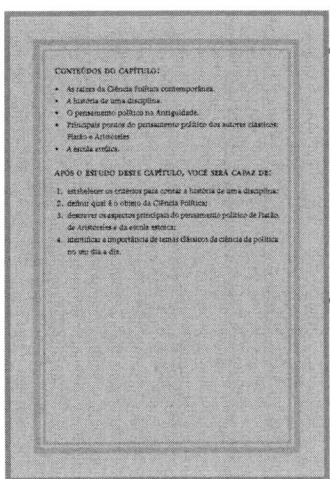

Conteúdos do capítulo:

Logo na abertura do capítulo, você fica conhecendo os conteúdos que nele serão abordados.

Após o estudo deste capítulo, você será capaz de:

Você também é informado a respeito das competências que irá desenvolver e dos conhecimentos que irá adquirir com o estudo do capítulo.

Estudo de caso

Esta seção traz ao seu conhecimento situações que vão aproximar os conteúdos estudados de sua prática profissional.

Síntese

Você dispõe, ao final do capítulo, de uma síntese que traz os principais conceitos abordados.

Questões para revisão

Com estas atividades, você tem a possibilidade de rever os principais conceitos analisados. Ao final do livro, o autor disponibiliza as respostas às questões, a fim de que você possa verificar como está sua aprendizagem.

Questões para reflexão

Nesta seção, a proposta é levá-lo a refletir criticamente sobre alguns assuntos e a trocar ideias e experiências com seus pares.

Para saber mais

Você pode consultar as obras indicadas nesta seção para aprofundar sua aprendizagem.

Fernando Leite

Introdução

Em última instância, o propósito de olhar para o passado é iluminar o presente. Do pensamento do filósofo e economista Karl Marx (1818-1883), concluímos que o passado pesa sobre os ombros dos vivos. O que isso significa exatamente? Significa que nós, no instante presente, somos influenciados pelos conhecimentos e os hábitos herdados do passado – e isso ocorre sem percebermos. O documentarista Adam Curtis, por exemplo, na obra *O século do eu*, mostra como o século XX foi, em larga medida, o século do individualismo. Passando pelos hábitos de consumo, pela cultura, pelos valores e pelas tribos urbanas, desenvolveu-se uma sociedade centrada no "eu": *meus* pensamentos, *minhas* emoções, *meus* desejos. Hoje, quer saibamos, quer não, ao entrarmos nas redes sociais para nos expressar, curtir postagens ou enviar mensagens, herdamos e somos parte de um amplo processo histórico. Somos exemplos vivos da história.

Essa ideia – olhar para a história para iluminar o presente – aplica-se, também, às disciplinas acadêmicas. Em primeiro lugar, há um fluxo de ideias que se desenvolve durante os séculos. Por exemplo, a ciência atual baseia-se no raciocínio analítico, que, ao olhar os fatos, fraciona-os em partes menores, as quais são, então, classificadas. Esse procedimento foi postulado pelo filósofo René Descartes em seu *Discurso sobre o método*, publicado em 1656. A ideia de que as coisas têm elementos que se somam e se combinam, formando fenômenos ou estruturas maiores, como átomos que compõem nossos corpos, retrocede pelo menos até Leucipo e Demócrito, filósofos pré-socráticos, mais de 2.500 anos atrás.

Não devemos esquecer, no entanto, que as disciplinas não se constituem apenas de ideias: sua história envolve, também, o desenvolvimento das instituições acadêmicas. A primeira universidade do mundo, por exemplo, foi a Universidade de Bologna, fundada por volta de 1088, na Itália. Entende-se por *universidade* uma associação de professores e estudantes e com direitos legais para emitir diplomas. Esse modelo de instituição garantiu o ideal da liberdade acadêmica e passou a fornecer ambientes propícios ao desenvolvimento das inúmeras disciplinas que temos atualmente: locais exclusivos para o ensino e a pesquisa, segurança institucional, profissionalização, reconhecimento social.

Ora, sem o desenvolvimento das universidades, este livro não teria sido escrito, por exemplo. Para reforçar essa ideia, pensemos juntos: este livro foi publicado por uma editora, a InterSaberes, localizada em Curitiba. O mercado editorial acadêmico, por sua vez, desenvolveu-se na Europa durante o século XVI, e esse desenvolvimento somente ocorreu porque, ao mesmo tempo, ganhou força a ideia de que o conhecimento é um bem público e que deveria ser disseminado (Burke, 2000). Até então, entendia-se que o conhecimento era privilégio de alguns poucos eruditos. Portanto, sem uma mudança nessa concepção, você provavelmente não estaria lendo este livro agora.

A Ciência Política é uma dessas disciplinas acadêmicas que foram sendo desenvolvidas ao longo da história. Um aspecto curioso a respeito dela é que não há "uma" Ciência Política propriamente dita, pois nela coexistem formas muito distintas de estudar a política ou os fenômenos políticos. É como se a Ciência Política fosse, ao mesmo tempo, uma disciplina humanística e científica, às vezes mais próxima da filosofia e da história; outras, mais próxima das ciências naturais.

Nesse sentido, pretendemos, com este livro, responder a duas questões. Primeiramente: **Como está a Ciência Política brasileira hoje?** Veremos quais são as principais tradições e abordagens e a estrutura atual da disciplina. Em segundo lugar: **Quais são as origens históricas do estado atual da ciência política brasileira?** É aqui que nos reportamos à história dessa ciência, identificando os principais grupos e tradições que contribuíram para moldá-la.

São questões absolutamente fundamentais, tendo em vista que, no presente momento, a Ciência Política brasileira passa por um vigoroso processo de expansão. Desde 2000, o número de programas de mestrado e de doutorado mais que triplicou. Somente nos últimos seis anos, foram fundados 21 programas – mais do que em todo o período de 1967 a 2006 (Marenco, 2014). Veremos, portanto, que a Ciência Política brasileira se desenvolveu muito tardiamente, e que o seu rápido crescimento levanta questões sobre quais áreas e abordagens devem defini-la.

Portanto, assim como, ao amadurecermos, nossa identidade profissional vai se assentando e nos tornamos mais senhores de nós mesmos, a Ciência Política brasileira está definindo sua identidade e tornando-se uma disciplina madura. E nossa identidade profissional depende da identidade da nossa profissão; uma não é forte sem a outra. É de suma importância, dessa forma, que compreendamos o que dá identidade à disciplina de Ciência Política.

Fernando Leite

Capítulo 1

O alvorecer de uma disciplina

CONTEÚDOS DO CAPÍTULO:

- As raízes da Ciência Política contemporânea.
- A história de uma disciplina.
- O pensamento político na Antiguidade.
- Principais pontos do pensamento político dos autores clássicos: Platão e Aristóteles.
- A escola estóica.

APÓS O ESTUDO DESTE CAPÍTULO, VOCÊ SERÁ CAPAZ DE:

1. estabelecer os critérios para contar a história de uma disciplina;
2. definir o objeto da Ciência Política;
3. descrever os aspectos principais do pensamento político de Platão, de Aristóteles e da escola estoica;
4. identificar a importância de temas clássicos da ciência da política no seu dia a dia.

Este capítulo traça as raízes da Ciência Política contemporânea. Para isso, em primeiro lugar, apresentamos os critérios em função dos quais contamos a história de uma disciplina: Onde começamos? Qual a noção de tempo? Quais conceitos devem ser abordados? Com esses critérios em mãos, começamos nossa história no pensamento político da Antiguidade, focando autores clássicos, como Platão, Aristóteles e a escola estoica. A seguir, abordamos os pontos principais do pensamento desses autores, a exemplo da questão da melhor forma de governo, estabelecendo os referenciais para os capítulos seguintes.

(1.1)
CONTANDO A HISTÓRIA DE UMA DISCIPLINA

Contar uma história implica, antes de tudo, expor uma passagem de tempo. Normalmente, imaginamos o tempo como uma linha na qual se sucedem eventos, um atrás do outro. Entretanto, definir em que momento começa uma história não é uma tarefa simples como parece. Podemos supor, por exemplo, que nossa história começa quando nascemos. Do ponto de vista biológico, contudo, nossas células começaram a se desenvolver muito antes. Do ponto de vista psicológico, nossa história começa por volta dos três anos, visto que normalmente não temos lembranças de antes disso.

Determinar o início de uma disciplina é ainda mais complicado. Podemos abordar a ciência por trás dessa disciplina e focar as ideias ou as teorias que a embasam – e pode haver inúmeras delas, produzidas há muito tempo, quando ainda não eram claramente definidas como pertencentes a uma área específica. Trabalhos sobre algum tema – como política, por exemplo – podem ter um viés mais filosófico, mais científico, mais literário, e assim por diante.

As disciplinas modernas, por sua vez, distinguem-se umas das outras por um objeto de análise: a Física trata de fenômenos físicos; a Biologia, de fenômenos biológicos; a Sociologia, de fenômenos da sociedade. Entretanto, às vezes é difícil traçar uma linha clara para separá-las: onde exatamente está a fronteira entre a Química e a Física? Em que momento exato termina a matéria bruta e começa a vida, de modo que se distingam a Química da Biologia? Em que momento começam e terminam os fatos políticos?

No caso da disciplina de Ciência Política, definir sua história exige, em primeiro lugar, determinar o que é *ciência* e o que é *política*, para, assim, distinguir *científico* de *não científico* e *atividade política* de outras formas de atividade. Ou seja, precisamos entender quando surgiram os estudos da ciência da política e como ela originou uma disciplina institucionalizada.

> No caso da disciplina de Ciência Política, definir sua história exige, em primeiro lugar, determinar o que é *ciência* e o que é *política*, para, assim, distinguir *científico* de *não científico* e *atividade política* de outras formas de atividade.

Assim, conforme afirma Farr (1988, p. 1177-1178, (tradução nossa), se definirmos ciência da política como o "estudo mais ou menos empírico da política prática", então sua história começa na Grécia Antiga, com Aristóteles (384 a.C.-322 a.C.). Se a definimos como o "estudo histórico indutivo da *Realpolitik*", então ela começa com Nicolau Maquiavel (1469-1527). Caso se trate da "dedução do caráter do Estado moderno", então tudo parte de Thomas Hobbes (1588-1679). Se nos referimos a "reduzir a política a uma ciência", então a ciência da política começa com David Hume (1711-1776). E se, por fim, considerarmos as discussões filosóficas anteriores a Aristóteles, regrediríamos pelo menos até Platão (428 a.C.-348 a.C) e Sócrates (469 a.C.-399 a.C.).

Alguns historiadores da ciência da política são bastante rigorosos nessa classificação e excluem tudo o que não for rigorosamente científico. E o que significa ser *rigorosamente científico*? Ora, trata-se de um tipo de conhecimento puramente objetivo, sem caráter normativo, destituído de valores, dedicado exclusivamente aos **fatos como eles são**. Esse conjunto de pressupostos é chamado de *neutralidade axiológica* (Weber, 2000).

Para alguns desses historiadores, como Riker (1983), só passou a existir uma ciência da política a partir de 1920, com a chamada *behavioral revolution* ("Revolução comportamental", tradução nossa). Outros, mais radicais, afirmam que ainda não há uma interpretação suficientemente científica da política, porque as abordagens da ciência da política, até agora, são fundamentalmente normativas: elas têm uma série de pressupostos valorativos, apesar de observarem fatos e aplicarem métodos científicos, como análise estatística. No caso da disciplina de Ciência Política estadunidense, por exemplo, há um forte comprometimento com a democracia liberal como pressuposto valorativo (Crick, 1959).

Contudo, além de podermos definir uma disciplina por suas teorias e por suas ideias, podemos defini-la sob um ponto de vista institucional: uma disciplina existe quando são fundadas instituições acadêmicas dedicadas a ela. Nesse caso, o primeiro Departamento de Ciência Política foi o da Universidade de Columbia, nos Estados Unidos, em 1880, e o primeiro estudioso formalmente chamado de *cientista político* foi John W. Burgess. Antes disso, não havia uma disciplina formal com o nome *Ciência Política*, embora já se estudasse a política de várias formas, como vimos anteriormente. Uma boa saída para o problema da determinação da história da disciplina de Ciência Política, portanto, é sermos abrangentes.

Em primeiro lugar, considerando o **critério institucional**, verificamos quando essa disciplina passou a existir. Havia a **Ciência**

Política institucionalizada, que se formou no fim do século XIX nos Estados Unidos, e **tradições de estudos políticos**, ou seja, estudos sobre **fenômenos políticos** que ocorreram antes de a disciplina ser fundada. Assim, os escritos de Cícero (107 a.C.-43 a.C.) podem ser considerados como parte da história da disciplina de Ciência Política, embora, em sua época, durante o Império Romano, não se falasse em uma *ciência da política* e tampouco existissem academias ou departamentos dessa disciplina.

Então, antes do fim do século XIX, o que podemos considerar como parte da história da Ciência Política?

Ora, para dizer que algo faz parte dessa história, é necessário haver **algo em comum** entre aquilo que se fez no passado e a disciplina que hoje chamamos de *Ciência Política*.

Nesse caso, então, usamos o critério do **objeto de estudo**. A Ciência Política, afinal, trata de **política**. Para sermos genéricos, precisamos entender *política* em sentido amplo. Dessa forma, é melhor pensarmos em **fenômenos políticos**, que também podem ser considerados simplesmente fenômenos que envolvam o **poder**. Neste livro, portanto, ao contarmos a história dessa área de conhecimento, contemplaremos várias formas de fenômeno político.

Assim, vamos discorrer desde sobre definições mais estritas do fenômeno político, como o comportamento dos políticos, os poderes Legislativo e Executivo, o Estado, ou seja, o que ordinariamente entendemos como *política*, até estudos que tratam de relações de força, de formas de dominação, de fenômenos de poder mais amplos – neste último caso, envolvendo também questões que acontecem fora da política como comumente a conhecemos.

Relações de força entre pessoas e grupos, por exemplo, entrariam na definição de Ciência Política – como os estudos marxistas, que abordam a dominação da classe burguesa, detentora dos meios de produção (as empresas, as máquinas etc.), sobre a classe operária, ou seja, aqueles que vendem sua força de trabalho para os donos dos meios de produção. Temos aqui uma hierarquia entre privilegiados e desprivilegiados, na qual a política representativa importa pouco. Importam mais as relações econômicas e sociais entre classes fora da política institucional, fora do Congresso, do governo. O marxismo, portanto, foca no poder social e no poder econômico.

Como você pode perceber, o conceito de poder não se reduz à política, como em geral supomos, ele vai além: Max Weber (1864-1920), um dos fundadores da sociologia, definia *poder* como a probabilidade de um indivíduo impor sua vontade aos outros (Weber, 1978). Para impor sua vontade, o indivíduo mobiliza recursos, que podem ser de vários tipos: **econômico**, como propriedades e dinheiro; **social**, como *status*; **simbólico**, como crenças; e, é claro, **político**, por meio do controle sobre o governo. Há, portanto, várias formas de poder, baseadas nos recursos mobilizados para impor uma vontade.

Tomada em sentido amplo, a Ciência Política trata do poder, e não apenas do poder político. Hoje em dia, essa disciplina está mais voltada a instituições políticas, como a Câmara dos Deputados ou o Congresso. Porém, também há estudos que focam relações de poder fora da política. Essa concepção mais ampla do objeto dessa disciplina permite que a conceitualização de Max Weber sobre o poder, por exemplo, participe da história da Ciência Política, embora Weber nunca tenha se considerado um cientista político nem tenha sido reconhecido como tal e tampouco tenha dado cursos de Ciência Política ou trabalhado com ela.

A história da Ciência Política envolve estudos que ocorreram antes de sua institucionalização, os quais tratavam de política, ou de outras formas de poder. Esse critério, no entanto, não é suficiente, afinal, qualquer um poderia falar ou escrever sobre política sem que suas opiniões efetivamente fizessem parte da história da Ciência Política. Explicando melhor o que acabamos de dizer: muitos jornalistas escrevem sobre política sem que seus escritos constituam de fato ciência política, correto? Igualmente, uma postagem de alguns de nós nas redes sociais abordando a política brasileira não pode ser considerada como pertencente a essa área do conhecimento. É preciso que os argumentos sobre política cumpram algumas condições essenciais, relativas a sua forma e a sua abordagem.

A Ciência Política contemporânea surgiu com a preocupação de conferir um caráter mais científico aos estudos dos fatos políticos. Assim, ela busca se distinguir de formas mais filosóficas e normativas de estudo dos fatos políticos que, segundo cientistas políticos de fins do século XIX e início do século XX, dominavam os estudos políticos. Até então, não havia tanta preocupação sobre o fato de que os estudos fossem, digamos assim, científicos, no sentido de serem empíricos, isto é, fundamentados na observação dos fatos, e objetivos, no sentido de não envolverem considerações de valor e, portanto, destituídos de ideologia.

Nos dias atuais, em geral, exige-se que os estudos sobre fatos políticos sejam um "conhecimento rigoroso e sistemático" (Goodin; Klingemann, 1996, p. 5, tradução nossa); um "esforço sistemático de compreensão da política" (Feres Junior, 2000, p. 97); um "saber sistemático sobre a natureza e as formas da vida política" (Araujo; Reis, 2005, p. 51); ou, ainda, como afirma Almond (1991, p. 52, tradução nossa) um conhecimento "definido como inferências ou generalizações baseadas em evidências", ou seja, utilizando-se rigor e método, fazem-se proposições com base em algum tipo de evidência. Tais proposições, então, são inter-relacionadas, formando um sistema. Esse caráter sistemático é importante porque nos permite abstrair os casos particulares, propiciando uma compreensão mais ampla, uma **compreensão do todo**, sendo possível, inclusive, identificarmos propriedades gerais dos fatos políticos. É desse modo que se dá origem a teorias.

(1.2)
A Antiguidade Clássica
e os princípios da política

O pensamento político produzido durante a Antiguidade, em particular na Grécia Antiga, influenciou toda a reflexão política posterior e lançou as bases da ciência da política contemporânea. Questões prementes da política atual – como "Qual a melhor forma de governo?", "Como governar?", "O que constitui o poder?" – foram propostas e enfrentadas pelos pensadores gregos. Porém, vamos nos concentrar em dois dos maiores expoentes da época, Platão e Aristóteles, e, a seguir, na escola estoica, que influenciariam a filosofia política romana e medieval.

1.2.1. Platão e as questões fundamentais da política

Platão (428 a.C.-348 a.C.) nasceu em uma eminente família da aristocracia grega, sendo educado desde cedo em matérias das mais diversas, como gramática, música e filosofia. Foi discípulo de Sócrates, que o influenciou em inúmeros aspectos, como na concepção dualista que separa o mundo em sensível (o mundo físico) e inteligível (o mundo das ideias) – deste último, emanariam as verdades acessíveis pela mente, por intermédio da alma.

Por volta de 387 a.C., Platão fundou, em Atenas, a Academia, considerada por muitos como a primeira instituição de ensino superior da história, embora não fosse uma escola como a entendemos hoje:

não havia claras distinções entre professores e estudantes ou um currículo formal, tampouco se emitiam diplomas. Na Academia, reuniam-se estudiosos interessados nas ideias de Platão a fim de debater e ensinar tópicos diversos, em particular filosóficos e matemáticos. Ainda que não formalmente, a Academia era um centro intensivo de estudos – situando-se fora da região central de Atenas, com uma estrutura exclusivamente dedicada à atividade intelectual.

Seguindo os passos de Sócrates, Platão desenvolveu uma forte inclinação por temas de interesse público. Questões éticas, como a natureza do bem e da virtude, os tipos de regimes políticos e as leis são centrais em sua filosofia. Nesse sentido, chama atenção a intemporalidade de muitos aspectos de seu trabalho: inúmeros temas abordados pela ciência da política atual – que nos atingem em nosso dia a dia – foram amplamente discutidos em suas obras.

Essas discussões são encontradas, sobretudo, nos trabalhos *A República*, *Político* e *As leis*. Em primeiro lugar, o pensador partiu da questão colocada por Sócrates: Como viver bem? Na obra platônica, essa questão passou a envolver o regime político: Qual regime político melhor realizaria esse princípio? O poder, sob essa perspectiva, baseia-se numa questão ética, a definição de *bem*. Então, Platão enfrentou a delicada questão de como garantir o bem, já que o poder é, de cima a baixo, permeado por interesses mesquinhos, pelo império da busca do prazer individual e pela corrupção.

O conhecimento, entendido como *inteligência racional*, assume posição central no pensamento político de Platão. Este tinha uma avaliação muito positiva do papel do conhecimento em todas as áreas da vida. Ele acreditava que o bem, fundamentalmente, emana – e depende – do conhecimento, do qual, além disso, a virtude é sinônimo. Um ser virtuoso, por sua vez, é necessariamente feliz. Nesse sentido, no fim, a felicidade advém do conhecimento – do esclarecimento, do amor pela verdade – o qual deve governar tanto a ação humana individual quanto um agrupamento político, como uma cidade ou um Estado.

Colocada essa questão geral, cada obra de Platão aborda alguma dimensão dela. Em *A República*, o objetivo é mostrar que o conhecimento é a chave para o bem-estar de uma sociedade. Em *Político*, Platão investiga como o conhecimento poderia ser utilizado para governar e qual seria a natureza desse governo. Em *As leis*, o filósofo explora como o conhecimento poderia ser incorporado à própria estrutura de uma sociedade, ou seja, às leis e às prescrições legais e até aos nossos hábitos cotidianos mais básicos (Lane, 2006).

1.2.2 A metafísica da política

No âmbito mais fundamental da discussão política, o problema é metafísico[1]. Para Platão, nós, seres humanos, somos imperfeitos, visto que nossa alma é dividida em partes que, frequentemente, estão em conflito. Por um lado, busca-se a satisfação dos desejos; por outro, há a honra, a coragem e o nosso lado irascível; por fim, há, ainda, uma terceira parte de nossa alma, responsável por controlar as outras duas: a razão, cuja característica é a busca pelo conhecimento. O bem ocorre, então, quando a razão governa as demais partes dentro de cada um de nós. Como, contudo, em geral não é isso o que ocorre, sofremos. Essa imperfeição, é claro, vai além do indivíduo e tem consequências sociais e políticas (Platão, 2011a). Vejamos o porquê.

A condição conflituosa em que vivemos faz com que não busquemos o bem, ou seja, o conhecimento. Nossa tendência, em vez disso,

---

1   Metafísico *refere-se a algo além da nossa experiência sensível. Geralmente, trata-se de uma realidade além do mundo material. A filosofia, muitas vezes, propõe postulados metafísicos para justificar a validade do conhecimento.*

é ceder às tentações da injustiça – baseadas na satisfação desenfreada dos nossos desejos. Platão, de maneira brilhante, usa alegorias para ilustrar seu pensamento. Para esse caso, menciona o famoso *anel de Giges* (Livro II de *A República*), que confere invisibilidade ao seu portador, permitindo a ele lucrar com a injustiça. Quem de nós se comportaria de maneira absolutamente justa e honesta com um poder com o qual poderíamos fazer o que quiséssemos sem que ninguém nos visse? Da mesma forma, analogamente, basta dar poder político a alguém e talvez tenhamos um grande problema.

O comportamento dos seres humanos nas situações levantadas por Platão o fazia duvidar da média dos cidadãos. O pensador temia a maioria. Para ele, as pessoas, em sua maioria, não têm condição de liderar os outros, visto que mal conseguem governar a si próprias. O melhor governo seria um governo da razão, capacidade que, no entanto, falta à maioria. Logo, seria preferível um líder virtuoso, um "filósofo governante", a um governo de muitos (Platão, 1972).

Entretanto, sabemos que é difícil, senão impossível, ter um governante assim. E é mais improvável ainda que ele seja sempre substituído por líderes igualmente virtuosos. Na verdade, mesmo os mais racionais dos governantes estão, a todo instante, sendo impelidos, pelas seduções do poder, a usarem-no para seu benefício pessoal, isto é, para a satisfação de seus desejos e para o enriquecimento pessoal. Além disso, são pressionados por constrangimentos externos, pela ameaça do estrangeiro, pelos interesses mesquinhos da maioria, entre outros fatores.

É por esses motivos apresentados que as leis são necessárias. Primeiramente, para evitar o despotismo dos governantes. Em um segundo momento, para evitar que a razão degenere e caiamos na anarquia. Indo nesse sentido, Platão (2010) postula que a liberdade somente pode ser concedida aos indivíduos quando uma constituição (*politeia*) for estabelecida na sociedade.

Essa desconfiança faz Platão antecipar princípios e instituições fundamentais até hoje, como a necessidade de **guardiões dos guardiões**, isto é, árbitros que fiscalizam os governantes. Para o pensador, estes formariam um conselho de sábios independentes do poder político e que, no entanto, teriam influência sobre a aplicação das leis. Assim, o filósofo ateniense lançou as bases para instituições como o Ministério Público e o Poder Judiciário.

Em suma, um regime de leis não é o regime ideal, mas é um mal necessário, já que a razão, por si só, não é suficiente para controlar nossos impulsos egoístas. De forma imperfeita, aos trancos e barrancos, sob os ditames das leis e com os conselhos de sábios fiscalizando implacavelmente os governantes, talvez nós pudéssemos nos aproximar do divino, do bem, da justiça, isto é, do reino da inteligência.

Platão, então, propõe sua clássica tipologia das formas de governo, combinando quantidade e qualidade: o governo de **um**, de **poucos** e de **muitos**, cada qual com suas versões puras e impuras. Segundo o filósofo, entre as formas virtuosas, temos a **monarquia** (o governo do melhor – de um), a **aristocracia** (o governo dos melhores – de poucos) e a **democracia** (o governo de muitos). Entre as formas degeneradas desses regimes, temos, respectivamente, a **tirania**, a **oligarquia** e a **oclocracia** (alguns entendem esta última como *anarquia*). Para evitar a degeneração, em *As leis*, Platão propõe o princípio da **constituição mista**, combinando o princípio monárquico da sabedoria e da virtude com o princípio democrático da liberdade (Almond, 1991).

(1.3)
ARISTÓTELES: DA POLÍTICA IDEAL À POLÍTICA REAL

Não é exagero reconhecer a Grécia Antiga como fonte cultural do Ocidente moderno. Entre inúmeras conquistas, duas gerações de filósofos gregos foram suficientes para lançar as bases da ciência da política. A Academia de Platão foi um celeiro de pensadores importantes, a começar por seu ilustre fundador. Seu principal pupilo – e também principal crítico – foi Aristóteles (384 a.C.-322 a.C.).

Aristóteles nasceu em Estagira, ao norte da Grécia. Seu pai era médico da corte do rei Felipe II, da Macedônia. Com educação privilegiada e desde cedo próximo do meio político, Aristóteles mostrou-se um estudioso brilhante, entrando na Academia de Platão aos 18 anos e lá permanecendo por duas décadas, até a morte de seu mestre. Depois, fora de Atenas, aprofundou seus estudos de biologia e filosofia, retornando para educar o filho de Felipe II, Alexandre, mais tarde conhecido como *Alexandre Magno*. Retornaria a Atenas após a coroação e a conquista da Grécia por Alexandre, e lá escreveria *A política*, seu maior trabalho sobre o tema, obra inspirada nos trabalhos de Platão e, ao mesmo tempo, crítica destes (Miller, 2012).

1.3.1 POLÍTICA: DA PÓLIS A OBJETO DE ESTUDO

Como vimos, Platão desenvolveu muitas ideias caras à ciência da política e que influenciaram mais tarde a definição da disciplina de Ciência Política. Porém, foi Aristóteles quem deu contornos mais nítidos ao tema, ao definir mais claramente seu objeto de estudo. Conforme verificamos, uma disciplina acadêmica autônoma exige um objeto claramente definido.

Devemos a Aristóteles o uso dos termos *político* e *política*. Na sua obra, tais termos são associados ao Estado, ao regime político e aos políticos (ou homens de Estado). É do termo grego *politikós* que se origina o termo *político*, ou seja, "aquilo que diz respeito à pólis [cidade]" (Miller, 2012, p. 2, tradução nossa). Por sua vez, *politikê epistêmê* é a ciência da política, ou seja, da prática dos políticos. Como *político* está associado à pólis, temos, então, uma **ciência da pólis**. Dessa forma, a ciência da política está historicamente associada ao Estado ou ao governo.

E quem são os *políticos*? Serão aqueles que fazem *política*, isto é, os deputados, os senadores, os candidatos, os eleitos? Sim, mas não somente eles, pois, para Aristóteles, o ser humano é um animal político. Quando esse pensador fala em *politikós*, ele se refere a uma gama de atores que vai além das pessoas envolvidas nos fatos políticos - além destas, envolve outras que também participam da vida política da cidade. Assim, *politikós* remete ao exercício de tarefas pertinentes à pólis - executadas, em larga medida, pelos políticos, mas que podem (e devem) ser de interesse dos outros cidadãos.

A associação entre *politikós* e *pólis* é importante porque parte da ciência da política atual estuda fenômenos externos à política, como, por exemplo, estruturas de dominação ou relações de força entre grupos. Entretanto, a carga histórica arraigada nas definições de Aristóteles tornou a ciência da política mais institucionalista, ou seja, mais preocupada com os políticos, o Congresso, os partidos etc., do que de com o poder em geral. Contudo, entendido em sentido amplo, *política* pode referir-se ao conjunto de relações de força e dominação nas sociedades.

> A questão normativa – *Qual a melhor forma de governo?* – permeia a ciência da política até hoje e faz com que ela se defina com base nas dimensões estritamente políticas da pólis.

Fernando Leite

Reparemos que a pólis engloba dimensões sociais, como famílias e classes sociais, e recursos materiais. Assim, uma ciência da pólis também poderia estudar as dimensões sociais, correto? Contudo, Aristóteles privilegiava os fenômenos da política institucional ao definir o problema fundamental da sua ciência da política em termos de "qual a forma constitucional que o legislador deveria estabelecer [...] para a realização de qual fim" (Miller, 2012, p. 6, tradução nossa). O filósofo tinha em mente a realização da boa vida (o bem-estar), e entendia que a organização política de uma sociedade é o principal – senão o único – meio pelo qual a boa vida pode ser alcançada.

A questão normativa – *Qual a melhor forma de governo?* – permeia a ciência da política até hoje e faz com que ela se defina com base nas dimensões estritamente políticas da pólis. Em outras palavras, percebe-se em Aristóteles o germe da divisão entre, de um lado, uma ciência da política que se concentra na política institucional e, de outro, uma ciência da política que enfoca fenômenos de poder externos a ela – divisão esta que influencia o direcionamento do estudo da disciplina de Ciência Política.

1.3.2 O PROPÓSITO DA POLÍTICA

Vimos que, para Platão, a política é um mal necessário, o terreno no qual governantes virtuosos poderiam aproximar os cidadãos do conhecimento, identificado pelo autor com *a felicidade*. Aristóteles segue em linhas semelhantes, afirmando que o propósito da política é a realização da boa vida, da felicidade (*eudaimonia*). A boa vida, nesse sentido, depende da realização do bem, o qual é definido como a finalidade natural de um organismo, ou seja, aquilo que seria benéfico a ele. Por exemplo, dormir é benéfico, portanto, é bom. Em certa medida, **o que é necessário para nós é bom**.

Assim, para nós, humanos, o maior bem é a realização de nossa função natural – mas ela vai além de nossas necessidades fisiológicas: vai à perfeição. *Perfeição*, nesse sentido, é viver de acordo com a razão; assim, quanto mais racional forem as nossas ações, mais perfeitos seremos (Miller, 2012).

A definição de Aristóteles, portanto, é semelhante à de Platão ao ressaltar a razão e ao definir o bem como um fato objetivo e independente dos desejos individuais. A razão é desejável, porque, por meio dela, sabemos o que é melhor para o todo. No entanto, ao contrário de Platão, Aristóteles não recorre a qualquer dimensão transcendental sobre a qual o bem se assenta, como a alma, por exemplo. Aristóteles é um naturalista, portanto, ele postula que o bem e o mal dependem da constituição física, orgânica e/ou mental dos organismos.

Além disso, sua concepção do *bem* é mais relativa. As finalidades variam de organismo para organismo, portanto, o bem também varia. No caso dos seres humanos, a razão depende das capacidades de cada um: o discernimento de uma criança é menor do que o de um adulto; consequentemente, não exigimos que aquela aja da mesma forma que este. Isso tem consequências importantes, pois o julgamento que determina se algo é justo ou injusto dependerá das capacidades particulares deste ou daquele organismo.

Mas, afinal, o que isso tem a ver com política? Ora, seguindo essa linha de raciocínio, as constituições mais apropriadas para cada cidade-Estado dependerão das capacidades racionais específicas de seus cidadãos, ou seja, um regime político que é bom em um local pode não sê-lo em outro (Miller, 2012).

Além disso, é importante ressaltar que Aristóteles entendia *constituição* em um sentido mais amplo do que entendemos hoje. Para ele, constituição incluía um corpo permanente de leis, costumes e instituições e englobava, por exemplo, um sistema de educação moral (Miller, 2012). É importante ficarmos cientes de que não se tratava de uma constituição formal, escrita, que fundasse o Estado.

Hoje, uma constituição contém os princípios fundamentais que definem um Estado, a base legal em torno da qual todas as instituições estatais, do governo ao Poder Judiciário, constituem-se. A definição de Aristóteles é mais ampla, estabelecendo os fundamentos de uma sociedade para além da política institucional e atingindo a vida cotidiana. Ainda assim, a obra aristotélica influenciou as constituições atuais.

1.3.3 AS TAREFAS DOS POLÍTICOS

A metafísica de Platão o levou, em boa medida, a desprezar a política real, postulando um mundo de formas ideais diante das quais a realidade é uma aproximação grosseira (Almond, 1991). Aristóteles, por sua vez, opunha-se ao idealismo platônico, e seus trabalhos sobre a política são, portanto, mais pragmáticos, mais empíricos e abordam a política como ela é, com sua prática no mundo real.

Nesse sentido, Aristóteles antecipou Nicolau Maquiavel[2] e seu estudo da **política real** (*Realpolitik*), pois abordava a política de forma análoga à de um médico ao tratar da saúde dos pacientes: deve-se bem administrar um organismo, tratar os seus males. No entanto, sua filosofia política ainda é considerada largamente normativa, propositiva, **afirmando como as coisas devem ser, em vez de apenas observar o que elas são.**

Entretanto, Aristóteles esforça-se para propor ações levando em consideração as condições reais. Assim, em boa parte do tempo, o filósofo escreve pensando em instruir os políticos sobre suas tarefas

---

2   Nicolau Maquiavel (1469-1527), natural de Florença, no período renascentista, foi um importante pensador italiano, responsável por obras como O príncipe. É creditado como o fundador da Ciência Política Moderna.

práticas. Para ele, um dos propósitos da ciência da política é estudar a justiça e a política a fim de fazer uma boa constituição e evitar que ela se desintegrem. O papel do filósofo, segundo Aristóteles e ao contrário do que pensava Platão, não é governar, mas auxiliar os que governam.

Desse modo, segundo Aristóteles, **a principal tarefa dos políticos é desenhar uma constituição apropriada para a cidade-Estado** (hoje, país ou Estado), com o objetivo último da realização da boa vida. Essa é a função do legislador, considerado pelo filósofo um político especializado na elaboração de leis. Mas tal tarefa não acaba aí. Logo que a constituição for estabelecida, os demais políticos devem tomar medidas apropriadas para mantê-la e para garantir que ela seja realizada (Miller, 2012). Eles precisam, portanto, evitar que ela seja subvertida, o que colocaria em risco a estabilidade da cidade-Estado.

> Em certa medida, os cientistas políticos estudam a política institucional com o intuito de determinar quais são as melhores instituições para garantir uma democracia o mais justa possível, ou seja, para ajudar os políticos e os juristas no desenho de instituições melhores.

Esse pensamento, aliás, antecipou as tarefas do cientista político nos dias de hoje. Em certa medida, os cientistas políticos estudam a política institucional com o intuito de determinar quais são as melhores instituições para garantir uma democracia o mais justa possível, ou seja, para ajudar os políticos e os juristas no desenho de instituições melhores.

1.3.4 A TEORIA DAS FORMAS DE GOVERNO

Como você pode verificar no Quadro 1.1, Aristóteles parte da classificação de Platão, adotando os critérios de número de governantes e sua versão justa ou desviante, para classificar as formas de governo.

Quadro 1.1 – Classificação das formas de governo segundo Aristóteles

Número de governantes	Justa	Desviante
Um governante	Monarquia	Tirania
Poucos governantes	Aristocracia	Oligarquia
Muitos governantes	Politeia	Democracia

Fonte: Miller, 2012, p. 9.

Mas como sabemos qual é a melhor ou a pior forma de governo? Em primeiro lugar, Aristóteles parte da noção de *justiça*. Para ele, justiça é governar em benefício do governado. Dito isso, retomamos o propósito último da política: a realização da perfeição, isto é, da conduta racional. Na prática, isso leva Aristóteles a definir uma forma de governo como justa se ela permitir que todos os cidadãos tenham propriedade privada e sejam alfabetizados. Tal pensamento antecipa o **princípio dos direitos individuais**, que fundamentaria o liberalismo a partir do século XVIII.

Quanto à relação que se estabelece entre governante e governado, isso depende das capacidades racionais de cada um. Embora baseada em princípios universais (a realização do bem, da perfeição, da conduta racional), a justiça, nesse caso, assume configurações particulares, dependendo de cada pessoa. É, dessa forma, uma relação entre as capacidades do governado e do governante, podendo a autoridade do governante ser maior ou menor, dependendo das capacidades do governado.

Assim, caso os governados sejam pouco capazes, é preferível, por vezes, um governo de poucos ou de apenas um. Isso também se aplica a meios fora da política, ou seja, às relações sociais, como a família. A autoridade dos pais sobre as crianças é justificada pela menor capacidade de discernimento destas, por exemplo. A ideia, nesse caso, é que será melhor, para o governado, submeter-se ao jugo do governante, o que, evidentemente, exige que este seja justo e governe de acordo com as capacidades daquele, de modo que se obtenha equilíbrio entre as partes. Isso seria um governo racional, virtuoso e, portanto, justo.

Para exemplificar, vejamos um caso extremo. Se um indivíduo tiver uma capacidade de discernimento muito baixa, agindo de maneira irracional na maior parte do tempo, é justificável que seja submetido a um governo despótico, porque somente assim esse indivíduo poderia ser beneficiado. Seria mais ou menos como colocar uma camisa de força em uma pessoa que está passando por um surto ou acesso de loucura, com arroubos de violência, com o intuito de evitar que ela faça mal a si e aos outros. Dessa forma, o melhor para alguém nessa situação seria algo que, para a maioria, seria considerado uma injustiça.

É interessante observar que isso justifica situações que, hoje em dia, não definiríamos como justas ou democráticas. Atualmente, tendemos a acreditar que a democracia é sempre melhor. Aristóteles, no entanto, embora em menor grau do que Platão, também acreditava que a maior parte dos seres humanos tem uma razão deficiente, o que justificaria a consolidação de governos de poucos ou de um. Lembremos que a justiça é determinada pela realização da boa vida, ou seja, da virtude, e não pela liberdade, pela igualdade ou pela riqueza – estas nem sempre são desejáveis, visto que nem sempre conduzem à realização da boa vida.

Obviamente, isso não quer dizer que um governo virtuoso não gere liberdade, igualdade e riqueza. Pelo contrário, ele o faz, já que essas questões favorecem a virtude, e tudo que favorecer a virtude é desejável e considerado justo. Contudo, às vezes, a igualdade é justa, às vezes, a desigualdade é justa, e assim por diante.

Fernando Leite

Repare que o sentido que Aristóteles atribuía à democracia é diferente do sentido que atribuímos hoje a ela. É muito importante não sermos anacrônicos ao estudarmos autores que escreveram há muito tempo. As mesmas palavras podem significar coisas muito diferentes dependendo do tempo histórico em que repercutem. Além disso, a forma como as julgamos, as avaliamos, também muda. É preciso, portanto, considerar tais questões em seu contexto. Assim, quando Aristóteles falava em *democracia*, ele imaginava algo que hoje dificilmente consideraríamos como tal. Tratava-se de uma espécie de "tirania da maioria", uma espécie de ditadura exercida pelos pobres.

Nesse momento, é preciso termos em mente que Aristóteles vivia em uma época em que assassinar, pilhar, destruir e queimar uma cidade era algo normal. Povos inteiros eram frequentemente conquistados, escravizados ou destruídos. Os filósofos se esforçavam buscando formas de garantir paz, estabilidade e harmonia e, desconfiados da natureza humana, projetavam mundos ideais, transcendentes, como o fez Platão, para postular algo maior do que a barbárie dos povos no mundo sensível[3].

Aristóteles era até um pouco mais otimista do que Platão quanto às capacidades racionais das pessoas, porém também entendia que a irracionalidade predominaria caso elas não fossem desde cedo educadas. Em povos de educação deficiente, a democracia (a ditadura da maioria) seria uma forma de barbárie que, cedo ou tarde, conduziria à ruína da cidade-Eestado, esfacelada em conflitos internos.

---

3 Para Platão, a verdade está além do mundo material, o mundo que percebemos com os sentidos. As "formas" ou as "ideias" são entidades de caráter anímico, abstrato, espiritual, que constituem a verdadeira realidade. A matéria, o que chamamos de mundo real, é um reflexo grosseiro, como sombra das formas. Os seres humanos são capazes de apreender as formas por meio da razão. O mundo material também é visto como um mundo de segunda categoria, uma degeneração do mundo das ideias.

A desconfiança com a democracia não queria dizer que Aristóteles acreditasse que todos os governos de muitos seriam injustos, mas que ele postulava que, em uma cidade-Estado mais culta, os interesses extremos tendem a ceder aos moderados. Nesse caso, o governo ideal seria a **politeia**: uma constituição mista, fundamentada em uma "classe média", moderadora dos interesses extremos.

É preciso ressaltar que a justiça envolve cidadãos, porém, na Grécia Antiga, nem todos eram considerados *cidadãos*. Somente os homens adultos e livres, naturais da própria cidade-Estado em que viviam eram considerados cidadãos (*politês*). Logo, estavam excluídos estrangeiros, escravos, mulheres e crianças. Sobre estes, no reino privado, o cidadão exerce autoridade irrestrita – justa, caso tivesse discernimento, ou injusta, caso não o tivesse. A definição aristotélica é um pouco mais inclusiva que a platônica, já que Platão abarcava no conceito de cidadão uma série de restrições econômicas (posse de propriedade, por exemplo) e morais. No caso de Aristóteles, observadas as restrições citadas, todo cidadão poderia participar dos processos deliberativos e judiciais.

Como podemos perceber, para Aristóteles, a democracia não era a melhor forma de governo, mas também não era a pior. A pior forma seria a tirania: o governo despótico de um líder corrompido, entregue à satisfação de seus apetites, a despeito dos interesses coletivos. Do mesmo modo que um líder virtuoso teria mais meios para exercer um governo virtuoso caso pudesse governar sozinho, tal concentração de poder traria consequências devastadoras caso o governante fosse corrompido. A dispersão de poder da democracia atenua a existência de um potencial tirânico, em comparação com governos de poucos ou de somente um.

Do ponto de vista atual, portanto, a obra política de Aristóteles oscila entre concepções e prescrições elitistas e democráticas ou igualitárias. O pensador estava interessado, sobretudo, em saber quais as condições – mentais, econômicas, sociais – que determinavam a estabilidade e, também, a ruptura e o caos.

(1.4)
O ESTOICISMO E OS FUNDAMENTOS DA ÉTICA NATURALISTA

O **estoicismo** foi uma corrente filosófica muito importante na Antiguidade. Fundado por Zenão (333 a.C-263 a.C.), trata-se de uma visão de mundo global. Tal abrangência é ilustrada por uma metáfora que os estoicos usavam para descrever a filosofia: um animal vivo, do qual a lógica eram os ossos, a física, a carne, e a ética, a alma (Baltzly, 2014). Essas três esferas estariam interligadas, formando uma explicação universal: a ética está ligada ao próprio funcionamento do cosmos – daí a expressão *ética naturalista*.

O estoicismo incorpora e, em certa medida, radicaliza alguns elementos das filosofias platônica e aristotélica, abordando também conceitos de virtude e felicidade. Uma ação virtuosa realiza o bem, sendo este feito quando se cumpre uma inclinação natural do organismo, sobretudo a da autopreservação e a da tendência a unir-se a seus iguais. **Uma ação é virtuosa quando ela realiza racionalmente uma inclinação natural. Uma ação é boa, portanto, quando ela simultaneamente é natural e racional.** *Virtude, razão* e *bem* estão intrinsecamente unidos.

Nossa autopreservação, é claro, depende do meio: os fenômenos da natureza, nossas necessidades e inclinações biológicas, os valores, pressões e as obrigações da sociedade. Dessa forma, nosso agir racional depende da compreensão adequada das tendências naturais daquilo que vive e existe em nosso entorno. Como somos naturalmente dispostos à vida social – ou seja, a nos relacionarmos e a dependermos uns dos outros – nossa razão também se aplica à nossa conduta social.

Mas por que a ação seria boa quando ela se baseia em algo natural? Os estoicos postulavam a existência de uma divindade, uma consciência onipresente, intrínseca a todas as coisas. Essa divindade é perfeitamente racional. Toda a natureza é construída segundo seus desígnios, tendo ela uma lógica imanente. Por isso, agir de acordo com a natureza das coisas é essencialmente bom, pois, assim, estamos agindo de acordo com a vontade divina.

Também por isso, a razão é uma virtude em si mesma – a maior de todas. Além de fazer parte da natureza humana, o agir racional é a maior das virtudes, sobrepondo-se a necessidades como o dinheiro ou mesmo a saúde – embora, quando agimos racionalmente, tendemos a considerar adequadamente as circunstâncias, obtendo benefícios (Baltzly, 2014). Por isso, no estoicismo, agir virtuosamente não equivale a agir desinteressadamente, negando o poder político ou a propriedade.

A felicidade é uma consequência da virtude: somos felizes quando agimos virtuosamente, ou seja, escolhendo racionalmente em função das nossas predisposições naturais. Os estoicos imaginavam que as paixões – como o medo, a inveja, o amor passional, entre outras – são opostas ao julgamento racional (Baltzly, 2014). Essa concepção é **contraintuitiva**, já que tendemos a associar felicidade à realização dos nossos desejos. Para essa corrente, a satisfação dos desejos não é felicidade, pois esta é um estado de consciência sereno que emerge quando somos senhores de nós mesmos, por meio de uma razão bem desenvolvida.

Assim, segundo o estoicismo, ao mesmo tempo que o agir virtuoso não nega obter benefícios (como saúde e dinheiro), o prazer (ou o *apetite*, para usarmos uma terminologia platônica), é oposto à razão e, portanto, está excluído da virtude. O estoico ideal é, assim, independente das circunstâncias externas: ele está satisfeito, seja na riqueza, seja na pobreza; seja com saúde, seja enfermo. Assim, desde que esteja tomando as melhores ações do ponto de vista de sua autopreservação e de sua racionalidade, o sujeito é feliz.

O estoicismo foi muito popular entre os estadistas gregos e romanos. Alguns fatores contribuíram para isso. Em primeiro lugar, os estoicos não proibiam o sábio de engajar-se na política, pelo contrário. Ora, como vimos, para os estoicos, a natureza tem uma ordem intrínseca, e essa ordem é racional – existindo, portanto, uma **lei natural**. O papel da política é aproximar a conduta humana dessa lei, contribuindo para a felicidade, sobretudo inquirindo se as leis existentes estariam de acordo com essa lei natural.

> Segundo o estoicismo, ao mesmo tempo que o agir virtuoso não nega obter benefícios (como saúde e dinheiro), o prazer (ou o *apetite*, para usarmos uma terminologia platônica), é oposto à razão e, portanto, está excluído da virtude.

Além disso, o estoicismo tem uma série de implicações práticas, não sendo uma filosofia puramente teórica. Ele oferece instruções sobre como viver, como se conduzir, oferecendo conselhos em questões vitais, como a morte e a felicidade, e sendo popular, como dissemos, entre homens de estado e mesmo entre cidadãos comuns. Muitos políticos romanos norteavam-se por ensinamentos estoicos.

Dessa forma, a corrente estoica influenciou de modo profundo o pensamento político antigo, disseminando-se na Roma Antiga e na filosofia política ocidental, sobretudo no que diz respeito às ideias de uma natureza humana universal, ancoradas na razão, e à ordem do mundo com base em uma lei natural fundamentada, em última instância, em uma divindade perfeitamente racional. Tais ideias foram apresentadas por Crisipo (279 a.C.-206 a.C.) e desenvolvidas por Panécio (185 a.C.-110 a.C.), que as transmitiu à elite romana (Almond, 1991).

Outra figura importante para o estoicismo foi Políbio (200 a.C.-118 a.C.), historiador grego que, entre muitos assuntos, escreveu sobre a política romana, atribuindo o crescimento e o poder desta às instituições políticas. Para ele, os estadistas romanos, por meio de um processo de tentativa e erro, moldaram um regime político à imagem da **constituição mista** – modelo tão caro à filosofia grega –, articulando princípios monárquicos, aristocráticos e democráticos implementados no Consulado, no Senado e na Assembleia (Almond, 1991). Esse regime conferiu ordem e estabilidade à sociedade romana e sustentou seu crescimento econômico, bem como a profissionalização do exército, alicerces de sua expansão (Bang, 2009).

Nesse sentido, Cícero (106 a.C.-43 a.C.), influenciado por Panécio, tornou-se um dos políticos mais importantes da República Romana e um dos maiores pensadores políticos da Antiguidade, enfatizando ideias estoicas, como a natureza social e racional da humanidade e a lei natural resultante de uma ordem divina do cosmos (Lane, 2014). Seus escritos influenciariam o direito romano, sendo incorporados à doutrina católica e exercendo forte influência no Iluminismo e mesmo hoje em dia (Almond, 1991).

Em resumo, o pensamento greco-romano abordou certos temas que estão entre os principais eixos da ciência da política contemporânea. Entre os estudos de teoria política, ressaltam-se:

- Ética: o que é o bem? Como realizá-lo?
- Cidadania e participação política.
- Classificação das formas de governo.

Entre os estudos empíricos, por sua vez, destacam-se as seguintes questões (Almond, 1991):

- Quais são as instituições que constituem determinado regime político?
- Quais os referenciais usados para avaliá-las?

A Ciência Política atual, em contrapartida, apresentou diversos avanços: ela é mais rigorosa metodologicamente. Por exemplo, a obra de Aristóteles tem limitações, como a generalização, visto que tomava como referência a cidade-Estado grega, e a confirmação, pois não testava o grau de associação entre causas e efeitos dos fatos políticos. A filosofia política da Antiguidade é altamente hipotética e as observações feitas não podem ser generalizadas indiscriminadamente (Almond, 1991). Além disso, as éticas platônica e aristotélica são problemáticas para boa parte da filosofia política contemporânea, já que esta ressalta a igualdade de condições ou a liberdade individual. Essas limitações, evidentemente, ocorrem em relação ao nosso contexto atual, composto por outros valores políticos e outros referenciais de validação científica.

Estudo de caso

Durante os anos de 2015 e 2016, o Brasil viveu uma profunda crise política e econômica. Em boa medida, a crise foi desencadeada pela descoberta de crimes de corrupção e de fraudes em contratos envolvendo a Petrobras, apurados pela Operação Lava Jato. Houve pagamento de propina a empreiteiras para que fossem gerados contratos superfaturados e dinheiro público foi usado para financiar campanhas, entre outras ilegalidades.

O caso do esquema de corrupção investigado pela Lava Jato toca em vários problemas clássicos da Ciência Política. Entre eles, a questão: Quem guarda os guardiões? Quando políticos e empresários concentram muito poder, o risco de corrupção é grande. Vimos que, segundo Aristóteles, o ideal seria que um grupo seleto de legisladores virtuosos concentrasse o poder. Assim, teriam capacidade de fazer o bem. O problema, entretanto, é se quem detém tanto poder for corrupto. Nesse caso, o estrago é grande.

Por isso, numa democracia, é tão importante a existência de instâncias fiscalizadoras – e que elas sejam fortes e funcionais. No caso da Lava Jato, o poder Judiciário, a Polícia Federal e o Ministério Público estão cumprindo esse papel. Eles estão guardando os guardiões.

Fica claro, assim, que a política depende de um balanço, de um equilíbrio de poder, de modo que os excessos e as seduções da corrupção sejam atenuados.

Síntese

A Antiguidade Clássica lançou as bases da ciência da política contemporânea. Sem Platão, Aristóteles e a escola estoica, entre outros, não existiria a disciplina de Ciência Política como a conhecemos hoje.

Podemos dizer que o entendimento sobre a política avançou muito desde então, porém, suas questões principais prevalecem: Qual é a natureza do poder? Qual é a melhor forma de governo? Qual a natureza dos regimes políticos? São questões com as quais, direta ou indiretamente, os cientistas políticos lidam hoje em dia.

Nesse sentido, o pensamento clássico focou as origens da política tendo como base a compreensão da natureza humana. A política, essencialmente, deriva da necessidade de coexistência dos seres humanos, de entender os mecanismos que regem a vida em sociedade e a busca pelo bem-estar de todos, mesmo conhecendo a predisposição inerente ao ser humano de conquistar poder. Por um lado, precisamos viver em conjunto, pois dependemos uns dos outros. Por outro, somos, em certa medida, seres egoístas, imperfeitos. Daí surgem as relações de poder e a necessidade da política: como mediar os conflitos? Como gerir os recursos escassos, porém desejados por todos?

Na busca do pensamento antigo pela melhor receita para solucionar os problemas descritos anteriormente está o germe da ideia da separação dos poderes, que viria a amadurecer séculos depois com Montesquieu e Locke. Hoje, buscamos reformar nosso sistema político, pensamos em qual seria o melhor sistema partidário, em como conduzir melhor as eleições. As questões clássicas, portanto, ainda estão entre nós.

Questões para revisão

1. Sobre as formas de descrever a história da disciplina de Ciência Política, assinale a afirmativa correta:
   a) Assim como a história da humanidade, a história de uma disciplina é uma sucessão de fatos objetivos, independentemente do observador.
   b) A *Ciência Política*, como diz o nome, não existia antes de se tornar científica.
   c) Acadêmicos que escrevem a história da Ciência Política o fazem com propósitos puramente científicos.
   d) Escrever a história de uma disciplina a partir evolução de suas instituições e de suas teorias é uma abordagem válida.
   e) Uma história de uma disciplina é necessariamente uma história de suas ideias.

2. Sobre a filosofia política de Platão, assinale a afirmativa correta:
   a) O principal, para o bom desempenho da política, é que o político seja, sobretudo, um homem de ação.
   b) Os filósofos são detentores da virtude, que é o oposto da política, devendo, portanto, manterem-se afastados dela.
   c) Platão parte de uma metafísica para construir sua visão da política e, assim, não trata de questões práticas.

d) Platão defendia uma visão aristocrática da política, sendo, portanto, desfavorável à incorporação de elementos democráticos em uma forma ideal de governo.
e) Platão concebe o governo ideal como um governo de poucos virtuosos, porém, teme que o governo de um ou de poucos descambe na tirania ou na oligarquia. Platão favorece, assim, uma constituição mista.

3. Sobre a filosofia política de Aristóteles, assinale a afirmativa correta:
   a) A política institucional, ou simplesmente *a política*, como a compreendemos hoje, enraíza-se no conceito aristotélico de pólis.
   b) Mais do que definir a melhor forma de governo, Aristóteles se preocupava em instruir os cidadãos para que se tornassem filósofos.
   c) O propósito da política é a realização da boa vida ou da felicidade, cujo propósito é aproximar-se de uma virtude divina.
   d) Para Aristóteles, a democracia é a melhor forma de governo, porque ela incita o debate racional entre os cidadãos, contribuindo para a construção de uma sociedade melhor para a maioria.
   e) Para Aristóteles, uma ação pode ser virtuosa independentemente das inclinações naturais de um organismo.

4. Sobre a filosofia política estoica, assinale a afirmativa correta:
   a) O estoicismo opõe-se a Platão e a Aristóteles ao focar mais a dimensão humana afetiva do que a racional em suas teorias sobre a virtude e as melhores formas de governo.

Fernando Leite

b) O estoicismo defende uma visão relativista do cosmos, possibilitando que cada um de nós encontre sua felicidade de forma independente.
c) A racionalidade defendida pelos estoicos depende da complexa expurgação das emoções.
d) Assim como Platão e Aristóteles, o estoicismo parte de uma visão global, metafísica, do real para fundamentar sua ética e, a partir daí, definir as melhores formas de governo.
e) O estoicismo influenciou profundamente os pensadores romanos, porém, com o fim do Império Romano, suas ideias acabaram sendo esquecidas em favor da obra de Aristóteles.

5. Sobre o legado da filosofia política da Antiguidade, assinale a afirmativa correta:
   a) Como toda ciência, a ciência da política progrediu nos últimos séculos, de modo que os temas e as abordagens da filosofia grega foram superados.
   b) A Antiguidade propôs e lidou com temas muito atuais, embora sua abordagem seja hoje considerada antiquada do ponto de vista teórico-metodológico.
   c) Suas explicações eram de caráter idiográfico, não comportando generalizações.
   d) Apesar de lançar as bases da ética ocidental, os filósofos gregos eram essencialmente aristocráticos, tendo uma visão negativa da igualdade e da liberdade individual.
   e) A democracia representativa atual em nada lembra a constituição mista da qual falavam os filósofos gregos.

Questões para reflexão

1. Explique o conceito de constituição mista segundo Platão.
2. Descreva cada uma das formas de governo propostas por Aristóteles.

Para saber mais

Documentário

GRÉCIA. **Construindo um império**. History Channel. 30 jul. 2012. Programa de televisão. Disponível em: <https://www.youtube.com/watch?v=ZNU-VbaOIzI>. Acesso em: 22 jul. 2016.

O documentário dá um panorama da sociedade que serviu de contexto para a construção da Teoria Política Clássica.

Filmes

CALÍGULA. Direção: Tinto Brass; Bob Guccione; Giancarlo Lui. Itália; EUA: Europa Filmes, 1979. 156 min.

Tomando como objeto o imperador romano Calígula, o filme explora os excessos do egoísmo e do poder. Embora fictícia e altamente estilizada, a representação de Calígula e de Roma traduz muito bem o papel das imperfeições humanas, como o desejo e o egoísmo, em males como a violência e a corrupção.

Fernando Leite

RASHOMON. Direção: Akira Kurosawa. Japão: Daiei Motion Picture Company, 1950. 88 min.

"Eu não me importo que seja uma mentira, desde que seja divertido!", clama o espadachim bastardo Tajômaru, nesse filme que é uma aula cinematográfica sobre a sedução dos desejos e seus efeitos sobre a maneira como representamos os fatos.

Livro

TOLSTOI, L. **O diabo e outras histórias**. São Paulo: Cosac Naify, 2015.

Com metáforas pungentes, Tolstoi aprofunda sua análise na exploração das fontes do egoísmo e do poder, que parece flanquear as atitudes dos personagens principais, mesmo quando agem de forma aparentemente altruísta. A obra permite identificar os temas clássicos tratados pela Teoria Política Clássica com uma leitura agradável que permite que nos identifiquemos de imediato.

Série de TV

ROMA. Produção: BBC e HBO. Reino Unido; EUA: BBC; HBO, 2005; 2006. Série de TV.

Uma reconstrução fantástica e relativamente fiel da política e da vida na Roma Antiga, inspirada pelas questões perenes do pensamento político. A série teve duas temporadas.

Capítulo 2
Idade Média, Renascimento e Iluminismo

CONTEÚDOS DO CAPÍTULO:

- Filosofia política greco-romana e teologia cristã.
- Realismo político de Maquiavel.
- Contratualismo.
- Separação dos poderes.
- A Ciência Política no século XIX.

APÓS O ESTUDO DESTE CAPÍTULO, VOCÊ SERÁ CAPAZ DE:

1. compreender como a teoria das formas de governo se desenvolveu na Idade Média, no Renascimento e no Iluminismo;
2. identificar as bases da abordagem empírica da ciência da política, dintinguindo a abordagem normativa (como a política *deve ser*) da abordagem realista (como a política efetivamente *é*);
3. apontar os fundamentos do contrato social e a forma como as instituições sociais e a política servem para atenuar o egoísmo e as atitudes destrutivas com vistas a garantir o bem-comum.

Com a queda do Império Romano, a reflexão política sistemática, da forma como elaborada na Grécia e na Roma antigas, foi temporariamente suspensa no Ocidente. Os textos clássicos, entretanto, foram conservados por sacerdotes cristãos e mantidos em monastérios. Teólogos cristãos, então, incorporaram os ensinamos dos filósofos gregos e romanos e continuaram o estudo de questões éticas e a investigação sobre as formas de governo. O pensamento político foi evoluindo, investigando os fundamentos da lei e as formas de controlar impulsos, como o egoísmo e a corrupção, e se desenvolvendo até que o pensamento republicano foi estabelecido com o Iluminismo.

Neste capítulo, acompanharemos os principais expoentes desse processo, verificando como se desenvolveram as formas de governo elaboradas na Grécia Antiga, a origem da abordagem empírica da política e os aspectos relativos aos fundamentos do contrato social.

(2.1)
A TEOLOGIA CRISTÃ E A APROPRIAÇÃO DA FILOSOFIA POLÍTICA GRECO-ROMANA

Os temas da **constituição mista** e da **teoria da lei natural** perpassaram a filosofia política depois da Antiguidade e se tornaram a referência com base na qual os regimes políticos foram avaliados posteriormente.

No Ocidente, o principal pensador da Idade Média foi Santo Tomás de Aquino (1225-1274) que, entre outras iniciativas, incorporou a filosofia política à doutrina católica. Influenciado, sobretudo, por Aristóteles, Tomás de Aquino relacionou a constituição mista à justiça e à estabilidade, visto que esse regime já estaria de acordo com a lei divina e natural (Almond, 1991). Em outras palavras, a constituição mista seria o regime terreno mais próximo do reino divino, embora ainda fosse imperfeito, como a própria humanidade. Tomás de Aquino tomou como exemplos Israel governado por Moisés, Josué e os juízes, balanceado por sábios e líderes tribais, e a República Romana e sua mistura de Assembleia, Senado e Consulado. É interessante notar que o pensador se referia ao passado, não tomando o feudalismo como exemplo, embora a Igreja Católica estivesse no auge de seu poder à época.

Ao final da Idade Média e no início do Renascimento, contudo, com o resgate do pensamento e dos valores da Antiguidade, regimes políticos baseados no ideal da constituição mista começaram a se estabelecer. O caso exemplar era o de Veneza, com a Doge monárquica, o Senado aristocrático e o Grande Conselho democrático. A estabilidade, a riqueza e o poder venezianos eram tomados como prova da superioridade do sistema misto, ecoando o caso romano (Almond, 1991). Se Tomás de Aquino pudesse ter presenciado o regime veneziano, provavelmente concordaria com isso. No entanto, foi Nicolau Maquiavel quem se notabilizou ao tomar esse regime como referência para sua análise realista da política. Trataremos dela a seguir.

(2.2)
MAQUIAVEL E O REALISMO POLÍTICO

O próximo grande legado para a ciência da política contemporânea viria com a obra de Nicolau Maquiavel (1469-1527), em particular nos trabalhos *O príncipe* e *Discursos*. A principal novidade era em uma **abordagem mais realista** da política.

Devemos analisar melhor o que significa o *realismo político*. Até então, os regimes eram julgados como puros ou corruptos (lembre-se de Platão e Aristóteles). A filosofia política era altamente normativa e presa a ideais.

Maquiavel, entretanto, defendia que a política real não deveria se prender a ideais. Assim, os estudos acerca da política precisavam analisar a política **como ela é**, em vez de imaginar **como ela deveria ser**.

Ele percebeu que a política real lida com a necessidade de sobrevivência e manutenção do poder e está enredada em conflitos de interesses em que a ética, em particular a cristã, raramente tem vez. Basicamente, poderíamos ouvir Maquiavel dizer: "Olha, o que esses grandes homens, como Platão e Aristóteles, escreveram sobre política é muito bonito e seria maravilhoso se pudesse ser aplicado, mas, na verdade, não funciona. Portanto, vamos nos ater aos fatos, ao que efetivamente acontece, levando em consideração como a natureza humana realmente é".

Maquiavel foi acusado de cinismo e indiferença moral, como se fizesse apologia àquilo que afirmara sobre a política. Porém, seu objetivo era justamente o oposto. Para o autor, um príncipe somente poderia fazer o bem na medida em que, nas horas difíceis, empregasse métodos duros, eventualmente brutais. E por quê? Ora, porque a realidade do mundo político obriga que o príncipe aja assim por vezes.

Em outras palavras, caso não seja um pouco mau, o monarca não conseguirá fazer o bem. Se entrar na política com idealismos, como os dos filósofos, ele será esmagado por tiranos e, assim, poderá ocorrer algo ainda pior. Tal pensamento, entretanto, não levou Maquiavel a defender o poder absoluto do monarca. Na verdade, influenciado por Políbio, ele tendia a ressaltar o papel da pressão e até da

> Maquiavel percebeu que a política real lida com a necessidade da sobrevivência e manutenção do poder e está enredada em conflitos de interesses em que a ética, em particular a cristã, raramente tem vez.

Fernando Leite

participação popular no regime misto, embora sem prescindir de um líder forte.

É por isso que muitos cientistas políticos atuais consideram Maquiavel como um dos fundadores da ciência da política: ele aborda a política de uma forma livre de valores, objetiva e realista. A teoria política aproximou-se do modelo da ciência moderna, baseada no **princípio da objetividade**: conhecer as coisas como elas realmente são, ainda que isso vá contra nossos valores e ideais.

Com a crise do feudalismo, porém, as instabilidades que atingiram a Europa fizeram com que muitos filósofos se afastassem do ideal da constituição mista e abraçassem a monarquia absolutista. Jean Bodin (1529-1596) elaborou uma teoria na qual ressaltava o papel da soberania absoluta na manutenção da ordem, argumentando, inclusive, que os casos clássicos de regime misto, como Roma e Veneza, foram, na verdade, regimes altamente centralizados. Sua tese, em suma, era de que todo regime duradouro concentrou poderes legislativos e executivos sob uma autoridade central (Almond, 1991).

O realismo de Maquiavel, entretanto, não excluiu as reflexões de ordem teórica e normativa do pensamento político. Em particular, a investigação sobre meios políticos para atenuar ou resolver conflitos ganhou desenvolvimento substancial com os autores chamados de *contratualistas*, os quais examinaremos a seguir.

(2.3)
O CONTRATO SOCIAL: TRANSFORMANDO VÍCIOS EM VIRTUDES

O **contratualismo** baseia-se na suposição de que a vida em sociedade exige um arranjo de normas reconhecidas e respeitadas por todos, sem as quais a vida social seria gerida por forças anárquicas e tenderia ao caos.

A causa de tais forças variam de autor para autor. Thomas Hobbes (1588-1679), por exemplo, tem uma visão particularmente pessimista da natureza humana. O cerne de suas ideias está na obra *O Leviatã*. Segundo Hobbes, a natureza humana é essencialmente egoísta e despótica, e a liberdade individual só faz aflorar essa natureza. Assim, caso os indivíduos sejam deixados ao seu livre-arbítrio, vontades e atitudes tirânicas tendem a tomar conta dele, conduzindo-o ao "estado da natureza" e a sociedade à barbárie. Fica claro que Hobbes enxerga a liberdade individual com muita desconfiança.

O **estado de natureza**, pois, é o estado hipotético em que cada um é completamente livre para fazer o que quiser. É o estado sem normas reconhecidas por todos, sem contrato, em que aflora a natureza humana.

Para sair do estado de natureza, é necessário que cada um ceda sua liberdade a uma entidade maior do que todos. Essa entidade é o Estado, e somente ele é capaz de garantir a paz, pois detém o monopólio da violência, que deixa de ser praticada pelos cidadãos. Sua autoridade se impõe por meio das leis e dos mecanismos punitivos associados a elas: caso os indivíduos ajam tiranicamente, sofrerão as consequências das leis. Em outras palavras, em troca da obrigação, da obediência e da cessão ao Estado do direito de usar da violência, os indivíduos recebem segurança.

Visto assim, parece que é preciso que o rei seja um tirano, não é mesmo? Mas não é bem assim. Em primeiro lugar, o rei precisa garantir a segurança dos

> Segundo Hobbes, a natureza humana é essencialmente egoísta e despótica, e a liberdade individual só faz aflorar essa natureza. Assim, caso os indivíduos sejam deixados ao seu livre-arbítrio, vontades e atitudes tirânicas tendem a tomar conta dele, conduzindo-o ao "estado da natureza" e a sociedade à barbárie.

seus subalternos, caso contrário, ele próprio correrá o risco de perder o poder. O monarca, portanto, tem obrigações, não podendo agir como bem deseja. Ainda assim, uma tirania centralizada é preferível a uma tirania de todos contra todos, como acontece no estado de natureza. A centralização do poder tende a garantir a ordem; o poder disperso, para Hobbes, somente conduz os indivíduos ao estado de natureza, à barbárie, isto é, transforma-os em animais. Dessa forma, Hobbes é favorável à monarquia absolutista: ora, se é obrigatório um mal, que seja o menor deles.

Em contrapartida, John Locke (1632-1704) tem uma perspectiva mais otimista da natureza humana. Para ele, esta não é tão brutal como para Hobbes, não sendo necessário, portanto, um governo absolutista. Segundo Locke, a barbárie tende a ocorrer justamente quando uma das partes tem poder demais. Por isso, o pensador desconfia mais do governo do que dos indivíduos, visto que o Estado, em relação aos indivíduos, tem muito mais poder do que qualquer um poderia sonhar. E é justamente quando colocamos o Estado nas mãos de somente uma pessoa, como no caso do Absolutismo, que tendemos à barbárie, ou seja, uma espécie de retorno ao estado de natureza.

Nesse contexto, repare como a lógica de Locke se inverte em comparação à de Hobbes, para o qual é justamente para sair do estado de natureza, reino da barbárie, da violência e do caos, que devemos transferir nossos direitos a um monarca, que nos garantirá a paz e a segurança. Para Locke, ao deixarmos um poder absoluto na mão de um só, um tirano, é que corremos o risco de cair na barbárie, ficando à mercê dos desejos, das paixões e da tirania dessa pessoa. Na visão de Locke sobre a política e a natureza humana, portanto, é possível ser mais livre do que na visão de Hobbes.

Dito isso, a visão de Locke sobre a natureza humana ainda é negativa, no sentido de que predominam nela o egoísmo e o interesse pessoal, sendo desejável, desse modo, uma autoridade que garanta os direitos de todos. Assim, de acordo com Locke, os indivíduos ainda abririam mão de parte do seu poder, mas exigindo mais direitos do que a segurança. Os indivíduos se submeteriam a um governo que lhes tivesse de garantir o bem-estar, a liberdade e o direito à propriedade privada. Tais princípios seriam promovidos por meio de leis. Submetendo-se a essas leis, portanto, cada indivíduo seria mais livre do que seria caso não o fizesse – e, obviamente, mais livre do que na perspectiva hobbesiana.

Mas como evitar que um governo se torne tirânico? A resposta é simples: limitando seu poder. Locke desenvolve, então, a **teoria da separação dos poderes**, inicialmente em *legislativo*, *executivo* e *federativo* (este último referindo-se às relações com o estrangeiro). Dessa forma, o pensador aproximou-se do modelo greco-romano da constituição mista, embora ressaltasse a dimensão da participação popular, ou seja, a dimensão democrática.

Por fim, entre os contratualistas, temos Jean-Jacques Rousseau (1712-1778). A conciliação entre a liberdade individual e a autoridade do Estado foi um dos principais problemas enfrentados pelo filósofo francês, e sua abordagem difere das de Hobbes e de Locke em aspectos importantes, como sua visão do estado de natureza e o regime popular ideal.

Para Rousseau, a humanidade é boa por natureza, e é a sociedade que a corrompe. Todos nascemos com **amor de si** (*amour de soi*), uma tendência à autopreservação, e exploramos o meio na medida em que precisamos dele para sobreviver, não se configurando, portanto, uma exploração predatória: trata-se de uma postura puramente defensiva. Também nascemos com **compaixão** (*pitié*), uma inclinação para aliviar o sofrimento dos outros. Assim, no estado de natureza, tendemos a ser e nos comportar de maneira harmoniosa, tanto com o meio ambiente quanto com as outras pessoas.

Entretanto, à medida que a sociedade cresceu, formas instáveis de cooperação se desenvolveram, substituindo o amor de si e a compaixão por outras inclinações, outras formas de se reconhecer e de lidar com os outros, formando-se um caráter competitivo no ser humano: primeiramente, na busca por parceiros sexuais; a seguir, na necessidade de ser reconhecido pelos outros, ou seja, de que os demais reconheçam o seu valor. Além disso, passamos a não apenas querer ser reconhecidos, mas **desejamos ter mais valor do que os outros**, desejamos ser superiores aos demais. Essa inclinação acaba se generalizando a várias partes da vida: queremos ter mais propriedade, mais riquezas, ser mais fortes, mais habilidosos etc. Rousseau chamou isso de ***amor próprio*** (*amour propre*) – algo muito diferente do que ordinariamente entendemos por essa expressão, que hoje em dia tem um sentido positivo. O amor próprio a que se refere Rousseau é algo mais parecido com a vaidade, um egoísmo destrutivo que prejudica os outros. Isso cria conflito, raiva e ressentimento, sobretudo quando nossas expectativas não são concretizadas (Bertram, 2012).

O principal foco de conflitos passa a ser de ordem econômica: o estabelecimento da propriedade privada dá início à desigualdade entre os que possuem e os que não possuem terra. As desigualdades e os ressentimentos levam à instabilidade social, às guerras, às revoltas e aos demais tipos de conflitos. Nessas circunstâncias, mesmo os poderosos acabam sendo prejudicados, pois se tornam reféns de sua necessidade por distinção (reconhecimento), submetendo-se às exigências da sociedade para serem reconhecidos desta ou daquela forma, o que também faz com que todos se alienem de si mesmos, ou seja, afastem-se do que realmente são.

Nesse sentido, o Estado, a princípio, somente replicou o problema da desigualdade ao seguir os interesses dos proprietários, impondo subordinação aos pobres e fracos. Esse estado de coisas, para Rousseau, é o que aproxima as sociedades do estado de natureza hobbesiano.

Qual seria, então, a saída para esse dilema? Rousseau acreditava na existência da **vontade coletiva**. Esta não é a vontade expressa pelos políticos na Assembleia, mas uma vontade comum a todos os membros da sociedade, inscrita em suas mentes e – é interessante notarmos – da qual estes, em geral, sequer têm consciência.

Essa inconsciência sobre a vontade coletiva torna muito difícil descrevê-la em termos concretos. Vamos tentar um exemplo para que fique mais claro. Imaginemos algo fundamental: o direito à vida. Embora não tenhamos sempre consciência disso, nas consciências de todos nós, há uma suposição de que temos o direito à vida. Portanto, o direito à vida faz parte da vontade coletiva, sendo favorável elaborar leis que a garantam. Se um Estado puder traduzir essa vontade em leis, ao submeterem-se a essas leis os indivíduos não perderão sua liberdade, pelo contrário: serão, na verdade, livres, já que as leis representariam vontades fundamentais, gerais a todos ou, pelo menos, à maioria dos indivíduos.

Na realidade, Rousseau reconhecia que essa tradução da vontade geral em leis é muito difícil, visto que raramente há, nos indivíduos, interesses privados que não se oponham à vontade coletiva. Portanto, para estimulá-la, torna-se fundamental a participação política em assembleias populares com influência sobre a elaboração das leis. Essas assembleias devem estimular cidadãos críticos, e é preciso que um grupo de indivíduos virtuosos criem as leis com vista a moldar os cidadãos para que persigam o bem comum.

A valorização da participação popular em assembleias faz Rousseau ser um tanto cético quanto a regimes representativos.

Ele não acreditava na capacidade ou na idoneidade de um representante, pois este tenderia a priorizar a si mesmo ou a distanciar-se da vontade coletiva. Segundo Rousseau, as leis aprovadas no sistema representativo expressariam pouco a vontade dos cidadãos. O filósofo francês, portanto, acaba por ser favorável a um regime democrático de participação direta, o que gera algumas críticas por parte de muitos estudiosos em razão de uma suposta impossibilidade de colocar esse sistema em prática, opondo teóricos da democracia. Assim, entre esses teóricos, há aqueles defensores da democracia representativa, ou seja, mais próximos de Locke, e aqueles simpáticos à democracia participativa, portanto, mais próximos de Rousseau.

As abordagens de Hobbes, Locke e Rousseau são mais filosóficas do que científicas, isto é, são mais normativas e, ao mesmo tempo, baseiam-se em larga medida em princípios e suposições abstratas. Por isso, é imprescindível mencionarmos e conhecermos melhor as ideias de outro filósofo francês.

(2.4)
A SEPARAÇÃO DOS PODERES: UM GRANDE PROGRESSO

Charles-Louis de Secondat, ou simplesmente Barão de Montesquieu (1685-1755), interessava-se mais por dados e evidências de casos concretos. Nesse sentido, lançou mão de métodos comparativos históricos utilizando casos reais, como os da Pérsia Antiga, de Roma, de Veneza e de países europeus, fazendo uma comparação entre as instituições políticas desses locais (Almond, 1991). Dessa forma, Montesquieu, assim como Maquiavel, contribuiu para o desenvolvimento de abordagens mais científicas de estudos políticos: a filosofia política passou a parecer, cada vez mais, com uma ciência da política.

Com base em seus estudos comparativos, Montesquieu propôs uma teoria mais sólida sobre a separação dos poderes, refinando a ideia aristotélica de constituição mista, ou seja, de balanceamento entre instituições democráticas, aristocráticas e monárquicas.

Seu maior exemplo real fora a Inglaterra e seu misto entre monarquia e democracia (monarquia constitucional). Mais tarde, essa visão influenciou a elaboração da Constituição Americana pelos federalistas, como Hamilton e Madison, chamados de *pais fundadores* dos Estados Unidos. Eles usaram os variados regimes de cada estado americano durante o período colonial como laboratórios para as teorias europeias sobre as formas de governo. Inspirados em Montesquieu, e com base nessas experiências, eles elaboraram a Constituição Americana, separando os poderes Executivo, Legislativo e Judiciário e balanceando suas influências por meio do método de *checks and ballances*, que os tornava interdependentes, cada qual controlando o outro a fim de evitarem excessos de cada um (Almond, 1991).

É importante notar que esses autores não eram cientistas políticos, no sentido que entendemos hoje, mas filósofos, intelectuais, pensadores, que tratavam de inúmeros temas e caminhavam por disciplinas distintas. Há, sim, um processo em que suas abordagens vão se tornando mais científicas, como no caso de Montesquieu, mas ainda há a predominância de um modelo mais humanístico de conhecimento. Quando a ciência da política se institucionalizou, quando foi criada uma disciplina formal com o nome de *Ciência Política* nas universidades, no final do século XIX, começaram a surgir cientistas políticos mais especializados e com abordagens mais científicas e menos humanísticas. Veremos essa questão com mais detalhes no Capítulo 5.

Como podemos perceber, na época de Montesquieu, os temas políticos não variaram muito: as formas de governo e os referenciais para avaliá-los continuaram na ordem do dia. As principais mudanças foram na abordagem desses temas, ou seja, na forma como eles foram analisados. Gradativamente, foi se desenvolvendo uma abordagem mais científica, como no recolhimento de evidências e na estrutura das inferências, embora abordagens de cunho filosófico e humanístico ainda predominassem (Almond, 1991).

(2.5)
Século XIX: o alvorecer da Ciência Política

Prosseguindo com os princípios adotados no Iluminismo, a ideia de progresso dominou as ciências humanas no século XIX. A maior parte dos autores imaginava que a história seguia um caminho único, como uma linha marcada pelo progresso – este é um processo evolutivo, do pior para o melhor, em direção a estágios cada vez mais livres e racionais. Os autores imaginavam que isso era uma lei universal e que todas as sociedades humanas estariam sujeitas a ela.

Tal ideia de progresso também se aplica a certos regimes políticos. Aqui, a ideia de constituição mista, proeminente desde Aristóteles, cede lugar a outras visões. Em Hegel (1770-1831), por exemplo, a razão e a liberdade existiam na monarquia burocrática da Prússia de sua época (Almond, 1991), então o mais poderoso Estado germânico, antes da unificação da Alemanha. Sublinhamos que, no século XIX, a burocracia era vista como algo positivo, pois era entendida como uma forma de fazer o Estado ser gerido por profissionais divididos racionalmente em funções específicas. A burocracia, assim, tornaria o Estado mais eficiente – e, de fato, naquela época, isso aconteceu, em comparação com as monarquias personalistas do passado, baseadas em vínculos pessoais e em divisões menos racionais, além de pouco meritocráticas.

O pensador francês Auguste Comte (1798-1857) foi o fundador da sociologia. Ele propôs que a história humana é uma passagem de formas de conhecimento místicas para formas mais racionais. Comte acreditava que regimes políticos derivavam da forma como as sociedades pensavam e explicavam o mundo, assim como a si mesmas. Em períodos remotos das sociedades, partiu-se de concepções metafísicas sobre a natureza, passando a concepções teológicas, baseadas em divindades, para, somente então, atingir o estágio científico.

Para o pensador francês, os cientistas deveriam fazer parte do governo da sociedade, auxiliando e tendo autoridade sobre os governantes. Nesse sentido, podemos notar semelhança entre essa concepção e a do "filósofo governante", de Platão (ver Capítulo 1, subseção 1.2.2).

Segundo Comte, uma sociedade que atingisse um alto grau de racionalidade eliminaria as guerras e os conflitos econômicos. Quanto ao sistema de governo, ele era favorável à república. No início, ela seria mais aristocrática, com a proeminência dos cientistas. À medida que os cidadãos fossem se tornando mais racionais, os regimes poderiam tornar-se mais democráticos.

Mas Comte não foi o autor que mais influenciou a política e a filosofia política dessa época. Esse título cabe ao filósofo, sociólogo e revolucionário socialista Karl Marx (1818-1883), que também foi o teórico mais influente da ciência da política no século XX.

Marx defendia a ideia de que a democracia liberal, de cunho representativo, era, na verdade, um sistema que favorecia a reprodução do capitalismo, uma forma de exploração baseada na divisão entre aqueles que detêm o monopólio do capital, ou seja, dos modos de produção (a burguesia), e aqueles que têm unicamente a sua força de trabalho como forma de sobreviver (o proletariado). A exploração, para Marx, ocorre na medida em que o capitalista extrai valor do trabalho do operário, porém, devolve a este, na forma de salário, o mínimo possível, sendo esse valor muito menor do que aquele produzido pelo trabalhador, embolsando-se o excedente na forma de lucro pessoal.

Na visão de Marx, o Estado, sob as rédeas da democracia burguesa, funcionava de modo que fosse garantida, por meio de leis, a dominação da classe trabalhadora pela elite capitalista. Segundo o pensador alemão, portanto, a verdadeira democracia somente surgiria em uma sociedade sem classes.

Para isso, seria necessária uma revolução socialista, que destruísse à força o Estado capitalista e tomasse posse dos meios de produção. Se bem-sucedida, essa revolução daria origem a um modelo de sociedade sem classes, que ele chamou de *comunismo*.

Do ponto de vista da Ciência Política contemporânea, o problema das abordagens que vimos até aqui é que elas eram pouco empíricas, ou seja, os autores não se preocupavam muito em provar suas proposições observando casos concretos. Suas afirmações eram pouco testadas com evidências reais, ou seja, tratava-se de um estilo mais ensaístico e abstrato. Marx fora um tanto mais rigoroso em *O capital*, e usou evidências históricas em *O 18 Brumário de*

Luís Bonaparte, mas seus escritos sobre política eram essencialmente filosóficos.

No final do século XIX, entretanto, houve uma guinada rumo a abordagens mais empíricas, retomando as ideias das filosofias de Francis Bacon e David Hume, os quais haviam lançado as bases da ciência moderna. A construção de teorias passou a segundo plano: o foco agora era realizar pesquisas reunindo dados empíricos, tentando fazer generalizações e, eventualmente, construindo uma teoria. A partir dessa época, o método predominante passou a ser o **histórico-comparativo**, no qual os cientistas políticos comparavam as instituições políticas de vários países, em particular seus dispositivos legais e, sobretudo, suas constituições. Ao analisá-los, classificavam os regimes com base em esquemas essencialmente platônico-aristotélicos. Como exemplos de autores que seguiram esse procedimento, temos Theodore Woolsey, Wilhelm Roscher e Woodrow Wilson (este último foi presidente dos Estados Unidos por dois mandatos seguidos).

De fato, o maior progresso científico do século XIX foi fundamentar proposições gerais sobre instituições políticas baseando-se em **evidências** e em **inferências**, e, nesse movimento, o método histórico-comparativo cumpriu um papel central. O trabalho mais importante foi *Democracia na América*, de Alexis de Tocqueville (1805-1859), que fez uma análise aprofundada das instituições, da sociedade e da cultura política dos Estados Unidos, comparando-as com as da Europa e da França, em particular.

O método histórico-comparativo ampara-se, em boa medida, no trabalho clássico de John Stuart Mill (1806-1873), *Um sistema de lógica*, em que são definidas regras para a comparação entre casos, com vistas a fazer inferências tão válidas quanto as das ciências naturais. Assim, trabalhos sobre a política se tornaram mais comparativos e mais rigorosos do ponto de vista inferencial. Esses trabalhos também deslocaram o foco da natureza humana para realidades históricas: em vez de assumirmos qual é a natureza humana, olhamos para como a política de fato se constitui e é praticada em casos reais.

Chegando ao fim do século XIX, estamos muito próximos da institucionalização da ciência da política, ou seja, de sua fundação como disciplina autônoma, em 1880, nos Estados Unidos.

Síntese

Durante a Idade Média e o século XIX, a ciência da política se tornou mais complexa, porém não abandonou as questões propostas na Antiguidade. Na Idade Média, a teologia cristã incorporou o pensamento político de Aristóteles. Santo Tomás de Aquino, então, desenvolveu uma abordagem naturalista que relaciona a constituição mista com a vontade divina. A ideia de que há uma relação entre as leis dos homens e a vontade divina seria muito importante para justificar o direito.

Maquiavel, por sua vez, deu corpo a uma abordagem mais empírica da política, investigando o que, na prática, é necessário que um governante faça para governar com sucesso. Ao agir assim, Maquiavel reconheceu que a política é um campo de conflitos em que a racionalidade nas decisões é fundamental – e que a ética, muitas vezes, é deixada de lado.

Os autores contratualistas prestaram atenção especial aos fatores que determinam a paz entre os homens. Hobbes e Locke imaginaram o contrato como uma forma de atenuar o egoísmo humano, enquanto Rousseau identificou instituições que contribuem para corromper os seres humanos, como a propriedade privada. Os fundamentos da política e as formas de governo, da monarquia à república, ganharam um impulso decisivo com esses autores. A questão da constituição mista, em particular, foi aprofundada por Montesquieu, que comparou as formas de governo de civilizações muito diferentes, como as da Pérsia e de Roma, para propor uma teoria mais sólida da separação dos poderes.

Durante o século XIX, a ciência da política finalmente se institucionalizou, tornando-se uma disciplina acadêmica, a Ciência Política. John Stuart Mill definiu as bases da abordagem histórico-comparativa, que dominaria a Ciência Política estadunidense no fim desse século, deslocando a abordagem empírica para o centro da disciplina.

Questões para revisão

1. Sobre a ciência da política na Idade Média, no Renascimento e no Iluminismo, assinale a afirmativa correta:
   a) A filosofia política greco-romana foi abandonada durante a Idade Média em prol de trabalhos sobre a Teocracia Cristã, em particular na obra de Santo Tomás de Aquino.
   b) A questão da *constituição mista* permaneceu fundamental durante a Idade Média e o Renascimento, buscando-se descobrir qual regime mais se aproximava dessa forma de governo.
   c) A filosofia política de Aristóteles permaneceria insignificante durante a Idade Média, tendo sido retomada apenas no Renascimento.
   d) A Ciência Política como disciplina institucionalizada passou a existir a partir da obra de Nicolau Maquiavel.
   e) Desde a filosofia greco-romana até o Iluminismo, não houve avanços significativos na teoria política.

2. Sobre a teoria política de Maquiavel, assinale a afirmativa correta:
   a) A principal contribuição de Maquiavel à ciência da política contemporânea é a ideia de uma ciência livre de valores, normativamente neutra, voltada à política real.
   b) Maquiavel pode ser considerado um autor cínico, porque defendia que os líderes, a quem chamava de *príncipes*, podiam utilizar meios escusos para alcançar seus objetivos egoístas.
   c) Maquiavel escreveu boa parte de sua obra pensando em líderes reais de sua época, no sentido de instruí-los para conduzir seus governos da forma mais virtuosa possível.
   d) O fato de Maquiavel reconhecer a necessidade de usar meios eticamente duvidosos para governar fez com que ele aconselhasse a atacar a pressão popular, que deveria ser reprimida pelo príncipe para que este pudesse ter um governo estável.
   e) Maquiavel é um autor pouco significativo na teoria política contemporânea, que deixou de se pautar pelo realismo, resgatando a abordagem histórico-comparativa.

3. Sobre a teoria da soberania nos filósofos contratualistas, assinale a afirmativa correta:
   a) No instante em que um contrato é firmado e uma entidade soberana, como o Estado, passa a existir, o estado de natureza é extinto.
   b) A teoria da soberania de Hobbes demonstra seu fascínio pelo poder absoluto, tratado pelo autor como uma forma ideal de soberania.

c) Locke entende que o poder absoluto é pior do que a ausência de governo, acreditando que os indivíduos estariam melhores no estado de natureza.
d) Os autores contratualistas não se distinguem muito no que se refere à forma como a soberania deve ser exercida.
e) Apesar de suas várias diferenças, para todos os autores contratualistas, o governo é um mal necessário, corrigindo vícios da natureza humana ou atenuando conflitos sociais.

4. Sobre a filosofia política de Rousseau, assinale a afirmativa correta:
   a) Rousseau acreditava que o melhor governo é aquele que consegue restituir o estado de natureza.
   b) Um bom governo é aquele que permite e estimula o desenvolvimento do amor próprio na maior parte dos cidadãos.
   c) Rousseau é um autor ultrapassado, já que a passagem de um estado de natureza bom para uma sociedade corrompida é uma noção contraditória.
   d) Como a diferenciação da sociedade estimula o desenvolvimento do egoísmo, quanto mais simples e primitivas as sociedades, menos corrompidas elas são.
   e) A vontade coletiva é mais bem realizada se os interesses privados forem interpretados por legisladores experientes.

5. Assinale a opção que melhor descreve a contribuição que os autores discutidos até este capítulo deram à ciência da política contemporânea:
   a) Os autores contratualistas apresentam uma abordagem mais científica, visto que todos visam generalizar seus achados sobre a natureza humana.

b) Embora uma importante característica da ciência da política contemporânea seja a atenção à evidência, não houve avanços nesse sentido até o fim do século XIX.
c) Há uma tendência a dar mais atenção às evidências empíricas, embora as abordagens permaneçam, em boa medida, filosóficas.
d) A ideia da ética naturalista permanece consensual, em particular na teoria política marxista.
e) A guinada ao empirismo implica um abandono integral dos temas e das abordagens dos autores precedentes.

Questões para reflexão

1. Rousseau fala em duas formas de amor do indivíduo em relação a si mesmo. Cite-as e diferencie uma forma da outra, descrevendo qual a consequência de cada uma para a vida em sociedade.
2. Identifique e descreva os avanços dos estudos políticos elaborados da Idade Média até o século XIX em relação à Antiguidade.

Para saber mais

Filme

RELATOS selvagens. Direção: Damián Szifrón. Argentina; Espanha: Warner Bros., 2014. 122 min.

Crônicas cômicas em que pessoas passam por situações nas quais sua humanidade é levada ao limite. O filme aborda as tendências despóticas escondidas em cada um de nós, tendências estas em constante tensão com as regras da sociedade.

Livro

MONTESQUIEU, C.-L de S. **Do espírito das leis**. São Paulo: Abril Cultural, 1973. (Coleção Os Pensadores, v. 21).

Reportagem

WALTHER, C. Dor da exclusão pode levar à violência, diz cientista. **Deutsche Welle Brasil**. 19 nov. 2015. Ciência e Saúde. Disponível em: <http://www.dw.com/pt/dor-da-exclusão-pode-levar-à-violência-diz-cientista/a-18861953>. Acesso em: 22 jul. 2016.

Vídeo

CONTRATUALISMO clássico: parte 1/4 – O que é contratualismo? Prof. Amadinho. Qualifica EaD. 11 ago. 2014. Disponível em: <https://www.youtube.com/watch?v=25JEodwn8gU>. Acesso em: 22 jul. 2016.

O vídeo traz informações sobre o contratualismo, enfocando os principais filósofos que trataram desse assunto. O *link* refere-se à primeira parte, mas as outras três podem ser acessadas diretamente no vídeo.

Capítulo 3
A Ciência Política nos
Estados Unidos

CONTEÚDOS DO CAPÍTULO:

- Estabelecimento da disciplina de Ciência Política nos Estados Unidos.
- Autonomia da Ciência Política.
- Proximidade entre a Ciência Política e a democracia.

APÓS O ESTUDO DESTE CAPÍTULO, VOCÊ SERÁ CAPAZ DE:

1. entender a importância da autonomia intelectual e institucional para uma disciplina acadêmica;
2. identificar os fatores que contribuíram para o estabelecimento da Ciência Política nos Estados Unidos;
3. compreender as principais abordagens da Ciência Política contemporânea.

A Ciência Política é uma invenção estadunidense. O primeiro departamento dessa disciplina foi fundado na Universidade de Columbia, em 1880, por John Burgesse William Dunning (Lipset, 1969). Foi a partir de então que cientistas políticos passaram a ser formados e a trabalhar reconhecidamente como tal. Evidentemente, já se faziam trabalhos de ciência da política antes disso, como vimos nos capítulos anteriores, porém, antes de 1880, não havia uma disciplina autônoma, institucionalizada, com o nome *Ciência Política*.

E isso não seria apenas uma formalidade? Não exatamente. Havia muitos estudos sobre a política, tratando de vários temas, com diversas abordagens desde a Antiguidade. Mas, ao colocar *ciência* no nome da disciplina, seus criadores tinham o propósito de restringir as abordagens da nova disciplina ao campo científico, ou àquilo que eles acreditavam ser científico. Reparem que a disciplina não se chamou *Filosofia Política*, *Teoria Política*, *Sociologia Política* ou *Politologia*, mas *Ciência Política*. As três primeiras se tornariam áreas da Ciência Política – porém periféricas, distantes de seu centro, do *mainstream*, que passou a ser de forte orientação científica.

Outro fato importante que decorre da institucionalização dessa disciplina é a profissionalização de seus quadros. Depois de 1880, em particular no começo do século XX, passaria a existir um novo grupo profissional: os *cientistas políticos*. Isso fortaleceu a disciplina, angariou mais recursos para sustentar suas atividades e, sobretudo, estimulou a **especialização**. Sendo uma profissão, as pessoas puderam se sustentar com essa atividade, dedicando-se exclusivamente a ela.

É por isso que a dimensão institucional – a fundação de departamentos, de cursos de graduação, de programas de pós-graduação, de associações, de uma profissão – é tão importante para uma disciplina, além das ideias e dos trabalhos produzidas por ela. Tendemos a olhar apenas para ideias, produção intelectual, obras, trabalhos, e a ignorar as instituições acadêmicas. O arranjo institucional de uma disciplina, na verdade, até influencia a produção intelectual, como veremos a seguir.

Além da Universidade de Columbia, foram fundados departamentos de Ciência Política na Universidade John Hopkins, por Hebert Baxter Adams; em Princeton, por Woodrow Wilson; e em Harvard, por Albert Bushnell Hart (Lipset, 1969).

Dos pontos de vista teórico-metodológico e da produção intelectual, no período mencionado, a Ciência Política estava em uma época de transição, buscando sair do modelo mais humanístico que a precedeu para ir ao encontro de um modelo mais científico, razão por que essa área de estudo passou a ter uma preocupação maior com evidências empíricas e houve um desejo de se afastar da Filosofia.

Entretanto, as abordagens e os métodos empregados pelos cientistas políticos ainda eram históricos. É verdade que eles se voltavam ao passado, analisavam documentos e inquiriam fontes primárias, nos moldes de uma pesquisa empírica. No entanto, os estudos ainda eram, em larga medida, ensaísticos, ou seja, altamente abertos à interpretação do autor, focados no significado dos eventos e sem tanta atenção aos cânones do método científico, como a verificação de hipóteses, por exemplo. Além disso, o foco desses autores era **legalista** ou **formalista**: eles olhavam para as leis escritas e as analisavam.

> O positivismo passou a predominar na Ciência Política a partir da década de 1920 e, desde então, permanece hegemônico até os dias de hoje. Em particular, a matemática e os métodos quantitativos se tornaram sinônimo de *cientificidade* na Ciência Política.

Não obstante, a trajetória da Ciência Política estadunidense foi marcada por uma busca implacável de cientificidade. Sua finalidade era firmar-se como uma ciência, à imagem das ciências naturais.

Essa aplicação dos princípios das ciências naturais às ciências humanas tem o nome de *positivismo*.

O positivismo passou a predominar na Ciência Política a partir da década de 1920 e, desde então, permanece hegemônico até os dias de hoje. Em particular, a matemática e os métodos quantitativos se tornaram sinônimo de *cientificidade* na Ciência Política.

(3.1)
Relações entre disciplinas e a autonomia da Ciência Política

Apesar de cada disciplina, em cada país, ter uma história específica, elas têm algo em comum, alguma característica que as moldaram de uma forma mais ou menos parecida. Esse é o caso da Ciência Política no Brasil e nos Estados Unidos. Desse modo, ao olharmos para o caso estadunidense, podemos lançar luz sobre a Ciência Política em nosso país.

Disciplinas, assim como as ciências, interagem umas com as outras. Avanços na matemática são importados para a física, possibilitando a essa área explorar novas possibilidades teóricas. A sociologia dialoga constantemente com a história, que, por sua vez, incorpora teorias sociológicas para compreender fenômenos de larga escala, como a modernização ou as revoluções. Avanços na estatística viabilizam áreas de pesquisa e o desenvolvimento de teorias em várias áreas anteriormente impossíveis. Nos Estados Unidos, a história da Ciência Política dependeu de sua relação com outras ciências humanas, ou seja, de qual disciplina ela estava mais próxima, em qual disciplina ela mais se inspirou (Lipset 1969).

No centro dessas relações, esteve sempre presente a questão da **autonomia da política**, ou seja, se a política é um âmbito independente, autorregulado. Dizemos que um âmbito é *autônomo* quando ele determina a si mesmo, isto é, quando as forças que o animam, que o fazem ser como é estão inseridas nele mesmo, e não fora dele. Em outras palavras, ele não depende de forças externas. No caso da política, muitas vezes se tenta explicá-la recorrendo-se a forças psicológicas, econômicas, culturais ou sociais. Assim, diz-se que a política é *autônoma* quando forças exclusivamente políticas a determinam.

Por exemplo, podemos dizer que os deputados votam a favor ou contra o aborto em função de sua cultura política, que vem da sociedade. Nesse caso, a política é dependente de fatores que estão fora dela. Ou podemos dizer que deputados votam a favor ou contra o aborto em função de trocas de favores e apoio político ou para se reelegerem. Nesse caso, fatores de dentro da política estão determinando o fenômeno político em questão, ou seja, dizemos que a política é *autônoma*.

Trata-se de uma questão fundamental, porque a **dependência entre âmbitos tende a inibir o desenvolvimento de novas disciplinas.** Para que ter uma Ciência Política se a política depende da sociedade ou da economia? Fosse esse o caso, bastaria que a Sociologia ou a Economia estudassem a política.

No mesmo sentido, **a independência entre os âmbitos justifica a independência das disciplinas.** Assim, quando entendemos que um âmbito é autônomo, isso contribui para a autonomização intelectual (a criação de teorias, ideias e métodos próprios) e institucional (a criação de cursos, associações profissionais etc.) da disciplina relativa a ele. Em outras palavras, contribui para a criação de uma nova disciplina[1].

---

1   Lessa (2011a, p. 26) fala em "pregnância entre a disciplina e seu objeto estrito".

Toda ciência passou por isso. Durante o século XIX, a sociologia teve de mostrar que a sociedade era um âmbito autônomo, chamado de *reino social*, sendo irredutível aos reinos biológico e psicológico. Nessa época, a tendência era explicar a sociedade a partir da psicologia e da biologia.

Émile Durkheim (1858-1917), considerado um dos fundadores da sociologia, passou sua vida tentando demonstrar a autonomia dos fenômenos da sociedade (fatos sociais) e sua principal tese foi sobre o suicídio, mostrando que os vínculos sociais, entre outros fatores, influenciam a taxa de suicídio: as chances de ele ocorrer diminuem quando temos uma vida social mais ativa, quando temos mais amigos e familiares próximos, quando praticamos uma religião, quando temos um forte sentimento de pertencimento a algo.

Antes disso, a psicologia precisou se justificar contra o **reducionismo biológico**, ou seja, a tentativa de explicar os fenômenos mentais com base no organismo biológico, como o cérebro, por exemplo. A própria biologia teve de lidar com o **fisicalismo**, a doutrina filosófica que defende que os fenômenos da vida podem ser reduzidos às leis da matéria – isto é, às leis da física. Isso, aliás, também aconteceu com as ciências naturais, que foram o produto da autonomização da filosofia natural.

> Em outras palavras, no meio acadêmico, reconhecer que certo âmbito é autônomo geralmente envolve conflitos, sobretudo com as disciplinas mais próximas, com aquelas das quais uma nova disciplina está se destacando, como um filho que se rebela contra os pais para construir seus próprios domínios, com suas próprias regras.

Em outras palavras, no meio acadêmico, reconhecer que certo âmbito é autônomo geralmente envolve conflitos, sobretudo com as disciplinas mais próximas, com aquelas das quais uma nova disciplina está se destacando, como um filho que se rebela contra os pais para construir seus próprios domínios, com suas próprias regras.

Fernando Leite

Agora, voltemos à Ciência Política. Nela, de um lado, temos os que elegem a política institucional ("a" política) como objeto legítimo de estudo, o que constitui uma tradição **politológica**. De outro lado, há tradições nas quais os estudiosos lidam com fenômenos mais amplos, como hierarquias e relações de dominação. Geralmente, esses estudiosos trabalham definições mais amplas de poder, envolvendo forças de vários âmbitos. A principal dessas tradições é a **societal**, muito próxima da sociologia, que foca na desigualdade, na dominação e na relação entre grupos e classes.

Além disso, a autonomização da Ciência Política, tanto nos Estados Unidos como no Brasil, dependeu de sua afirmação como ciência. Sua história, portanto, combinou as tradições politológica e científica.

(3.2)
DEMOCRACIA, POLÍTICA INSTITUCIONAL E CIENTIFICIDADE

A Ciência Política estadunidense já nasceu voltada à esfera institucional, tendo uma forte vocação politológica. A causa dessa vocação foi, ironicamente, política. Assim, centrada no governo, a disciplina se inscreveu em um **projeto para melhorar as instituições estatais**, como a Constituição dos Estados Unidos, e, consequentemente, a democracia naquele país, além de educar os cidadãos para esse fim.

Com a fundação da disciplina chamada *Ciência Política*, buscou-se conciliar um propósito político a um formato intelectual: estudar as instituições políticas (formato intelectual) para melhorar a democracia (propósito político). Isso fez com que a disciplina tivesse departamentos próprios nas universidades e também uma associação profissional, a American Political Science Association (APSA), fundada em 1903.

No começo, os estudos da disciplina eram mais humanísticos, narrando eventos e interpretando seus significados. Entre o fim do século XIX e meados da década de 1920, a Ciência Política estadunidense foi muito influenciada por disciplinas como História, Filosofia e Direito, principalmente com as ideias de estudiosos alemães. Essa fase foi denominada de *institucionalista*, porque focava instituições estatais.

Em outras palavras, a Ciência Política já tinha um objeto específico e instituições acadêmicas próprias, mas não teorias e métodos. Sua abordagem provinha das disciplinas citadas. Os métodos[2] predominantes eram de caráter histórico e formalista, fazendo-se uma história comparativa das constituições, por exemplo. A Ciência Política era autônoma institucionalmente, mas não intelectualmente.

Nesse sentido, no início a disciplina não se preocupou tanto em desenvolver abordagens próprias, mas em se afirmar como o estudo de uma ciência. Sendo esse o objetivo mais importante, ela poderia se aproximar de outras disciplinas, sacrificando parcialmente sua autonomia, desde que essa aproximação se convertesse em mais cientificidade. Foi o que se deu entre 1920 e 1940: a Ciência Política importou teorias e métodos da Psicologia, tornando-se, portanto, dependente desta. No entanto, fez isso para se tornar mais científica.

Tal aproximação com a Psicologia causou mudanças profundas na Ciência Política, a ponto de isso ser chamado de ***revolução***

---

2   Emprega-se o termo *método no sentido atribuído por Kaplan (1964, p. 23, tradução nossa): "Métodos são técnicas suficientemente gerais para tornarem-se comuns a todas as ciências ou a uma significativa parte delas. Alternativamente, são princípios filosóficos ou lógicos suficientemente específicos a ponto de poderem estar particularmente relacionados com a ciência, distinguida de outros afazeres humanos".

comportamentalista (Jensen, 1969). O objeto da disciplina mudou: em vez do Estado, o foco passou a ser o **comportamento** dos eleitores. Estudos eleitorais e as pesquisas de opinião, os chamados *surveys*, tornaram-se o novo propósito de análise.

Esse afastamento do Estado correspondeu a uma forte tendência das ciências sociais estadunidenses à época: privilegiar o indivíduo em vez de coletividades, o que ficou conhecido como ***individualismo metodológico***. Esse foco sobre o indivíduo, aliás, é um fenômeno cultural bastante forte nos Estados Unidos, e o comportamentalismo o institui na Ciência Política. O modelo europeu, que se centra no Estado, é mais coletivo, lidando com fenômenos supraindividuais. Assim, para criar uma disciplina genuinamente americana, a Ciência Política se afastou de uma visão mais coletivista de seu objeto de estudo, privilegiando o individualismo metodológico.

Ao mesmo tempo, outras características típicas do modelo europeu de estudar fenômenos políticos foram combatidas, métodos históricos perderam força e abordagens filosóficas foram sistematicamente contestadas. Os métodos quantitativos, em particular o uso da estatística, passaram a ser privilegiados, assim como abordagens mais empíricas, ou seja, que se fundamentam na observação e na mensuração de fenômenos, em lugar da abstração teórica. O trabalho intelectual passou a basear-se em redes de pesquisadores reunidos em um sistema universitário altamente profissionalizado, algo típico das ciências naturais. Além disso, passou-se a defender uma ciência sem valores políticos, não normativa, embora, implicitamente, a Ciência Política continuasse comprometida com a democracia do país.

Entre as décadas de 1940 e 1950, o comportamentalismo foi a abordagem dominante (Somit; Tanenhaus, 1967; Almond, 1991). A partir da década de 1950, contudo, essa teoria entrou em crise, fragmentando a Ciência Política em abordagens concorrentes e que competiam entre si para tomar o lugar do comportamentalismo e conferir uma nova unidade à disciplina, embora nenhuma tenha obtido êxito (Lipset, 1969; Almond, 1990; Munck, 2006). A Ciência Política passou, então, a ser constituída por uma pluralidade de abordagens, por vezes diametralmente opostas[3]. Como exemplo, podemos citar o **marxismo**, que se concentra nas relações de dominação entre classes sociais, e o **neoinstitucionalismo de escolha racional**, que foca as estratégias individuais dos agentes políticos em um contexto de regras institucionais.

A **teoria da escolha racional** é uma abordagem oriunda da economia e postula que o comportamento dos indivíduos é racional, ou seja, os indivíduos **calculam** a forma mais eficaz para atingir seus objetivos. Eles ponderam os custos e os benefícios de suas ações, e fazem isso buscando, em geral, fins egoístas, que lhes beneficiem de alguma forma. A teoria da escolha racional, assim, pretendeu explicar o comportamento dos políticos e dos eleitores. Porém, essa teoria foi muito criticada por ignorar as instituições políticas, concentrando-se demasiadamente nos indivíduos. Assim, a partir da década de 1990, os cientistas políticos retomaram o caráter polipológico da ciência política e passaram a considerar que instituições, como o regimento interno da Câmara, influenciariam os cálculos dos políticos. Essa abordagem passou a ser chamada de ***neoinstitucionalismo de escolha racional*** e se tornaria dominante a partir de então.

No entanto, a unificação disciplinar não foi alcançada. Ela deu lugar à valorização desigual de áreas e abordagens. Certas áreas

---

3   *As polarizações são frequentemente identificadas e lamentadas, o que pode ser observado em Ricci (1984), Easton (1985), Seidelman e Harpham (1985), Farr (1988); Almond (1990; 1991) e Tobin Grant (2005), entre outros.*

(como a política comparada) passaram a ser mais valorizadas do que outras (como a teoria política), o mesmo acontecendo com as abordagens (o neoinstitucionalismo em detrimento do marxismo, por exemplo). Dessa forma, ocorreu uma estratificação da diversidade do campo de pesquisa; assim, percebeu-se que não havia apenas diferenças entre as áreas, mas também uma hierarquia entre elas.

Entretanto, além da retomada politológica, de focar a política institucional em vez de fenômenos mais extensos, como hierarquias e formas de dominação fora da política, a Ciência Política também buscou se tornar mais científica, ou seja, aproximou-se do modelo das ciências naturais, as quais se baseiam na matemática, no teste de hipóteses e em argumentos de causa e efeito, apenas para mencionar os principais. Os filósofos da ciência chamam essa visão de *positivista*.

Desde a emergência do comportamentalismo, uma concepção mais positivista de ciência entrou em cena, acrescentando-se a ela o ideal da neutralidade axiológica, isto é, o entendimento da ciência como desprovida de valores, não normativa, adotando o espírito maquiaveliano e associando conhecimento empírico ao conhecimento quantitativo. Isso significa que, a partir desse momento, os cientistas políticos passaram a medir os fenômenos matematicamente, sobretudo com o uso da estatística.

Nesse sentido, Jensen (1969) descreveu o desprezo, desencadeado pelo comportamentalismo, às abordagens históricas, e Richard Laslett (citado por Bellamy, 1993) chegou a falar na *morte da teoria política*. Embora a neutralidade fosse acaloradamente debatida, a orientação empírico-quantitativa e a aversão a abordagens de cunho filosófico e histórico, isto é, humanísticas, persistiu nas fases e abordagens que se seguiram ao comportamentalismo (Almond, 1990; 1991; Farr; Seidelman, 1993; Munck, 2006).

Esse comprometimento político era explícito durante a fase **institucionalista** (1880-1920), responsável pela justificação da fundação da disciplina de Ciência Política: melhorar a democracia e educar os cidadãos. Sem esse suporte político, provavelmente a disciplina demoraria um pouco mais para surgir nos Estados Unidos.

Outra característica marcante da Ciência Política estadunidense é seu **apreço pela democracia**. Apesar de abordagens, como o comportamentalismo, terem se afirmado valorativamente como neutras, a maior parte dos cientistas políticos continuaram comprometidos, de certa forma, com a democracia.

O comprometimento político era mais sutil na fase **comportamentalista** (1920-1950). Nessa fase, tal e qual no mundo liberal ideal, considerava-se que o governo era um reflexo das preferências individuais dos eleitores (Ricci, 1984) – isso tomado como algo dado, uma premissa, embora não fosse autoevidente. Na verdade, estudos subsequentes mostraram que as instituições políticas têm grande autonomia diante da preferência dos eleitores. Há um comprometimento tácito com o liberalismo por parte dos comportamentalistas, já que a esfera política está subalterna às preferências de indivíduos que estão fora do Estado.

As fases seguintes também se mantiveram muito próximas da democracia. São elas as fases **sistêmica** (a preocupação com a modernização em razão dos valores das democracias ocidentais avançadas), **culturalista** (preocupação com valores cívicos) e **neoinstitucionalista** (preocupação com o desempenho das instituições democráticas). As duas primeiras

> Outra característica marcante da Ciência Política estadunidense é seu **apreço pela democracia**. Apesar de abordagens, como o comportamentalismo, terem se afirmado valorativamente como neutras, a maior parte dos cientistas políticos continuaram comprometidos, de certa forma, com a democracia.

predominaram entre as décadas de 1960 e 1970, enquanto a última gozou de hegemonia a partir de 1990, estendendo-se até hoje.

Há semelhanças e, ao mesmo tempo, diferenças entre o caso do Brasil e o dos Estados Unidos. Também aqui a autonomização da Ciência Política dependeu de suas relações com suas disciplinas irmãs, mas o contexto era outro. No Brasil, ela precisou se diferenciar da Sociologia, já que ambas estavam mescladas, indistintas em uma disciplina maior, chamada de *Ciências Sociais*. Por sua vez, a Ciência Política estadunidense foi mais dependente, no início, da História e da Filosofia, depois, da Psicologia e, mais adiante, da Sociologia e da Economia.

> Em suma, no Brasil a Ciência Política buscou firmar a tradição politológica, afastando-se da Sociologia, e a tradição científica, afastando-se das abordagens humanísticas. Ao mesmo tempo, a disciplina trabalhava para ter instituições próprias, como programas de pós-graduação e uma associação profissional exclusiva.

Assim como nos Estados Unidos, a Ciência Política brasileira também buscou se afirmar como uma *ciência*, adotando características mais humanísticas das Ciências Sociais praticadas no Brasil até então, fortemente influenciadas pela Sociologia francesa e pelo marxismo.

Em chão brasileiro, também foi preciso que a Ciência Política se destacasse institucionalmente, por meio da criação de cursos de pós-graduação próprios, e intelectualmente, importando abordagens específicas, politológicas, dos Estados Unidos. Como vimos, neste país, a Ciência Política já nasceu autônoma institucionalmente, com departamentos próprios nas universidades.

Em suma, no Brasil a Ciência Política buscou firmar a tradição politológica, afastando-se da Sociologia, e a tradição científica, afastando-se das abordagens humanísticas. Ao mesmo tempo, a disciplina trabalhava para ter instituições próprias, como programas de pós-graduação e uma associação profissional exclusiva.

Síntese

Neste capítulo, vimos que, apesar de já se pensar e fazer pesquisa sobre o poder e a política anteriormente, a *Ciência Política* passou a existir com esse nome nos Estados Unidos somente no fim do século XIX. A partir de então, foram fundados programas de pós-graduação e departamentos em universidades, passando a existir a profissão de cientista político. Para que isso acontecesse, a Ciência Política defendeu uma abordagem mais científica da política. Ao mesmo tempo, focou a política institucional, em particular a democracia estadunidense. Inicialmente, interessava-lhe a Constituição dos Estados Unidos, fazendo comparações entre o conjunto de instituições estatais desse país com o de outros países.

A partir do início do século XX, o positivismo se tornou dominante na Ciência Política dos Estados Unidos, ou seja, passou a ser hegemônica a ideia de que os fenômenos políticos são previsíveis e passíveis de descrição matemática. Por fim, a Ciência Política estadunidense, politológica e científica, tornou-se um modelo para as ciências políticas de outros países, como o Brasil.

Questões para revisão

1. Sobre a institucionalização da Ciência Política, assinale a afirmativa correta:
   a) A institucionalização da disciplina é uma formalidade, sem grandes efeitos sobre o conteúdo das ideias produzidas em suas delimitações.

b) A institucionalização é um fenômeno acadêmico essencialmente negativo, porque constrange os estudos nas fronteiras disciplinares, tornando os trabalhos mais limitados em escopo e amplitude.
c) A filosofia não foi favorável à profissionalização, portanto, enquanto os filósofos permaneceram diletantes, os cientistas políticos se profissionalizaram.
d) Uma disciplina não é composta apenas de ideias, da produção de teorias, de conhecimento, mas também tem um suporte institucional que, entretanto, é menos importante do que sua dimensão intelectual.
e) Apesar de incorporar boa parte dos estudos anteriores, a institucionalização da *Ciência Política*, com esse nome, buscou delimitar suas abordagens no sentido de ser mais científica.

2. Sobre o processo de autonomização disciplinar, assinale a afirmativa correta:
   a) A política não era tratada como um âmbito autônomo antes do surgimento da Ciência Política estadunidense.
   b) Uma disciplina é autônoma à medida que seus objetos são autônomos, havendo uma equivalência entre a autonomia da disciplina e a do seu objeto.
   c) É comum que as disciplinas exaltem a autonomia de seus objetos para justificar sua própria autonomia no campo acadêmico.
   d) Para se tornar mais científica, a Ciência Política estadunidense foi tratando a política como um âmbito cada vez mais autônomo.

e) O estabelecimento das disciplinas é um processo lógico e harmonioso, pois os cientistas e acadêmicos são altamente racionais, como a figura do filósofo virtuoso de Platão.

3. Sobre as tradições que constituem a Ciência Política, assinale a afirmativa correta:
   a) A Ciência Política é fortemente afetada pela divisão entre estudos que focam a política institucional (politológica) e aqueles que abordam fenômenos externos a ela (societal).
   b) As tradições societal e politológica dependeram da criação da Ciência Política, não existindo antes dela.
   c) A tradição politológica refere-se necessariamente à democracia, não se encaixando em instituições de outros regimes.
   d) Tradições referem-se exclusivamente à dimensão das ideias, não tendo efeitos sobre a institucionalização de uma disciplina.
   e) Tradições referem-se exclusivamente à dimensão do objeto, não envolvendo sua abordagem.

4. Sobre a trajetória da Ciência Política estadunidense, assinale a afirmativa correta:
   a) A Ciência Política estadunidense nasceu valorativamente neutra, sem comprometimentos ou propósitos políticos.
   b) A trajetória da Ciência Política estadunidense foi, em larga medida, dependente de aproximações e distanciamentos de outras disciplinas, no sentido de tornar-se mais científica.
   c) A chamada *revolução comportamentalista* foi uma revolução essencialmente politológica.
   d) Sendo altamente tradicionalista, a Ciência Política estadunidense incorporou muito bem abordagens

consideradas mais humanísticas, sobretudo a partir de sua fase mais positivista.
e) Ao contrário da Ciência Política brasileira, a Ciência Política estadunidense é marcada por uma forte unidade teórico-metodológica.

5. Sobre a relação entre democracia, política institucional e cientificidade na Ciência Política estadunidense, assinale a afirmativa correta:
   a) Sendo completamente neutra de valores, a Ciência Política estadunidense manteve-se distante da democracia.
   b) A Ciência Política estadunidense é antidemocrática, visto que, por tentar ser científica, ela não é engajada politicamente.
   c) A Ciência Política estadunidense se estabeleceu combinando o estudo de instituições democráticas e uma abordagem mais científica da política.
   d) O fato de focar a democracia faz com que a Ciência Política estadunidense não seja capaz de estudar outros regimes políticos.
   e) Não é possível ter uma Ciência Política científica quando a sociedade é governada por um regime autoritário.

Questões para reflexão

1. Resuma as etapas da história da Ciência Política estadunidense, distinguindo-as por meio dos seguintes critérios: (a) objeto mais importante, (b) abordagem mais proeminente; e (c) comprometimentos normativos.

2. Descreva sucintamente as aproximações e os distanciamentos entre a Ciência Política estadunidense e outras disciplinas, identificando seus efeitos sobre sua autonomia intelectual e institucional.

Para saber mais

FERES JUNIOR, J. Aprendendo com os erros dos outros: o que a história da Ciência Política americana tem para nos contar. **Revista de Sociologia e Política**, Curitiba, v. 15, p. 97-110, nov. 2000. Disponível em: <https://www.researchgate.net/publication/26368124_Aprendendo_com_os_erros_dos_outros_o_que_a_historia_da_ciencia_politica_americana_tem_para_nos_contar>. Acesso em: 20 mar. 2016.

SARTORI, G. Da sociologia da política à sociologia política. In: LIPSET, S. M. (Org.). **Política e ciências sociais**. Rio de Janeiro: Zahar, 1971. p. 106-148.

Capítulo 4
Tradições intelectuais

CONTEÚDOS DO CAPÍTULO:

- Tradição humanística e tradição científica.
- Valorização da ciência.
- Abordagens histórica e estatística.

APÓS O ESTUDO DESTE CAPÍTULO, VOCÊ SERÁ CAPAZ DE:

1. compreender que a Ciência Política, como qualquer disciplina, está vinculada a certas tradições;
2. identificar as raízes históricas das tradições intelectuais – humanística e científica – que se opuseram na Ciência Política brasileira, conferindo-lhe sua identidade.

Conforme verificamos, disciplinas são constituídas por ideias (como teorias e métodos) e instituições (como academias e universidades). Além disso, ao mesmo tempo, elas são permeadas por **tradições**.

Mas o que seria uma tradição? Trata-se, de maneira geral, de um arranjo mais ou menos coeso de ideias e hábitos de pensamento que persistem ao longo do tempo. São como lentes, ou seja, formas de ver e de interpretar a realidade, de entender o mundo, que perpassam as décadas e, por vezes, os séculos.

No capítulo anterior, vimos que a disciplina de Ciência Política não é homogênea, mas formada por um conjunto de áreas e abordagens que eventualmente se opõem. Há algumas oposições que se destacam, por exemplo, aquela entre os que estudam a política institucional e os que estudam os fenômenos políticos, como hierarquias e relações de dominação fora da política. Essas duas abordagens são, respectivamente, a tradição **politológica** e a tradição **societal**.

A **tradição politológica** é específica, própria da Ciência Política. Ela favorece a autonomia da Ciência Política diante de outras disciplinas das demais ciências sociais, em particular da Sociologia. A **tradição societal**, por sua vez, é construída sob a influência de disciplinas externas: Filosofia, História e, sobretudo, Sociologia. A oposição entre essas tradições refere-se, especificamente, à disciplina da Ciência Política e, por esse motivo, as duas são chamadas de *tradições disciplinares*.

Além das tradições disciplinares, há as **tradições intelectuais**. Vimos como a história da ciência da política foi marcada, a partir de Maquiavel, por abordagens mais humanísticas e filosóficas, de um lado, e mais científicas, de outro. Essa oposição se aprofundou com a institucionalização da Ciência Política estadunidense no fim do século XIX e, sobretudo, 1920 em diante, com o estabelecimento do comportamentalismo.

Fernando Leite

São chamadas de *tradições intelectuais* porque não se referem a nenhuma disciplina em particular, mas a formas de conhecimento distintas, que englobam várias disciplinas. Existem muitas formas de conhecimento: conhecimento metafísico, religioso, científico, humanístico, entre outros. No meio acadêmico, os principais são o **humanístico** e o **científico**. Essa oposição também se aplica à Ciência Política.

As tradições concorrem para definir o objeto de uma disciplina, como se pudessem afirmar: "este objeto é legítimo, é digno de ser estudado". Cada disciplina acadêmica tem um objeto legítimo de investigação e, como vimos, ele confere identidade e justifica a autonomia dessa disciplina.

Contudo, a Ciência Política ainda não é uma disciplina tão coesa e definida como a Física ou mesmo a Economia. Cientistas políticos ainda têm visões muito diferentes **do que** a Ciência Política deveria estudar e **de como** deveria fazê-lo. As tradições disciplinares e intelectuais que hoje estruturam a Ciência Política compõem formas concorrentes de definição do objeto de investigação, ou seja, de definição do que é a *política* e quais são as teorias e os métodos mais adequados para estudá-la.

(4.1)
Tradição humanística e tradição científica

As tradições intelectuais se desenvolveram de acordo com a multiplicação das formas de conhecimento, multiplicando-se e diferenciaram-se umas das outras. Como dito anteriormente, algumas delas estão presentes na Ciência Política brasileira. Em particular dentro dessa disciplina, há uma profunda oposição entre a tradição humanística e o uso da estatística, esta última um dos principais elementos da tradição científica.

Nada obriga um historiador a não usar a estatística, por exemplo. Apesar disso, essa oposição é um fato histórico que remete à constituição dos campos acadêmicos na Europa, divididos entre ciências naturais, ciências exatas e humanidades, principalmente a partir do século XVIII.

A tradição humanística de hoje herdou um modelo de atividade intelectual eminente nos séculos XVI e XVII. Esse modelo era utilizado para reformar o currículo das universidades europeias de então (Burke, 2000). Os responsáveis por esse movimento denominaram a si mesmos de **humanistas** e opuseram-se aos filósofos das universidades, por eles chamados de **escolásticos** (*scholastici*) (Burke, 2000). O novo currículo, chamado de *humanidades* (*studia humanitatis*), reformou a estrutura curricular de boa parte das universidades europeias.

> O currículo tradicional baseava-se no *trivium*, composto por Gramática, Lógica e Retórica; no *quadrivium*, composto por Aritmética, Geometria, Astronomia e Música; e nas três filosofias, Ética, Metafísica e Filosofia Natural – esta última basicamente constituída por estudos da física aristotélica (Burke, 2000).

O currículo tradicional baseava-se no *trivium*, composto por Gramática, Lógica e Retórica; no *quadrivium*, composto por Aritmética, Geometria, Astronomia e Música; e nas três filosofias, Ética, Metafísica e Filosofia Natural – esta última basicamente constituída por estudos da física aristotélica (Burke, 2000).

O sistema das humanidades era composto por Gramática e Retórica (do *trivium*) acrescidas da Poesia, da História e da Ética (Burke, 2000). Como você pode perceber, há menos disciplinas filosóficas e mais disciplinas literárias no currículo das humanidades, um sintoma da oposição aos filósofos da época. Naquele período, a Filosofia estava mais distante das humanidades, ao contrário do que acontece hoje em dia.

Trata-se de um modelo muito eclético e pouco especializado, e a formação versava sobre assuntos muito diversos. Essa característica eclética e polivalente foi chamada de **conhecimento universal**, e se aprofundou no período humanístico, apesar de os humanistas terem se oposto ao modelo de seu tempo, aquele dos teólogos, que, em boa medida, era polivalente também. O humanismo cultivou o conhecimento universal, que permaneceria o paradigma dominante até a emergência do **conhecimento especializado**, ancorado na figura do acadêmico especialista. Tal conhecimento se engendrou na revolução científica no período do Iluminismo, a partir do século XVIII.

Os humanistas privilegiaram as disciplinas hoje conhecidas como *Letras* e *História*, atraindo-se também pela política. Mais tarde, com a ascensão das ciências naturais, o modelo humanístico se reaproximaria da Filosofia, no atual modelo *filosofia, letras* e *artes* que vemos em muitas das nossas universidades. Além das disciplinas do novo currículo, os humanistas se envolviam com as chamadas *disciplinas nobres*, como o Direito e, em menor grau, a Medicina (Burke, 2000).

A figura que serviu de referencial para a tradição humanística foi o polígrafo veneziano (*poligrafi*), influente durante o século XVII. Durante o século XIX, havia o ***aucteur* francês** e sua inclinação especial pelas *lettres*, os **mandarins alemães** (*Gelhrte*) e os **literatos italianos** (*letterati*), entre outros. Durante o século XX, a figura francesa do intelectual total, corporificada em Jean-Paul Sartre (1905-1980), iria influenciar de forma marcante as ciências sociais brasileiras. Todos eles são espécies de polímatas ou eruditos: indivíduos dedicados a várias disciplinas.

(4.2)
A ASCENSÃO DA CIÊNCIA

Entre os séculos XVIII e XIX, o Iluminismo marcou a ascensão da ciência no campo intelectual. A ciência foi um produto da fragmentação da filosofia natural que, como vimos, era extremamente tradicionalista, baseada na leitura e na reprodução das ideias de figuras de autoridade, como Aristóteles. Com o tempo, filósofos naturais foram incorporando as chamadas **artes práticas** (*ars*), do denominado *conhecimento popular* (*folk knowledge*), ou seja, as técnicas e o conhecimento prático de artesãos, botânicos, engenheiros, entre outros, que dariam origem a disciplinas como a Botânica, a Química e a Farmácia. Por esse motivo, as ciências naturais desenvolveram uma forte **inclinação empírica**, focando elementos observáveis, concretos, valorizando a observação e o experimento – por exemplo, os clássicos estudos de Isaac Newton (1642-1727) sobre a óptica, utilizando prismas para realizar experiências com a luz.

> Houve uma forte oposição entre o modelo humanístico renascentista e o novo modelo iluminista, no qual se engendram as ciências naturais. Essa oposição conduziu a formas diferentes de pensar, de interpretar o mundo e os fenômenos, sejam eles naturais, sejam humanos.

Houve uma forte oposição entre o modelo humanístico renascentista e o novo modelo iluminista, no qual se engendram as ciências naturais. Essa oposição conduziu a formas diferentes de pensar, de interpretar o mundo e os fenômenos, sejam eles naturais, sejam humanos.

Essas diferenças persistem até hoje e se manifestam em formas distintas de estudar as questões, como a política, por exemplo. As diferenças são profundas: vão desde a forma de lidar com a informação até os contrastes epistemológicos, isto é, a própria maneira de

Fernando Leite

definir *conhecimento* e determinar como as coisas devem ser conhecidas: Seria matematicamente? Experimentalmente? Teoricamente? Intuitivamente?

Com a ascensão do empirismo durante o Iluminismo, disseminou-se o **princípio do fácil acesso à informação**. Nas enciclopédias, a ordem alfabética, chamada de *princípio do dicionário*, substituiu a organização por temas. A organização por temas, por sua vez, estava ligada ao conceito de *árvore do conhecimento*: cada objeto era uma subdivisão de um objeto anterior, como galhos, até chegar a um princípio universal, o tronco principal. Perceba como isso é parecido com a ideia de *ecletismo*, de *conhecimento universal*.

Com o empirismo e a ciência, o universalismo deu lugar a conhecimentos mais especializados: a realidade foi sendo fracionada e admitiu-se que objetos detenham autonomia uns em relação aos outros.

Também ganhou prestígio e disseminou-se uma nova forma de ler os textos, o **modo extensivo**, em contraste ao **modo intensivo**, este último, exegético, de análise intensiva dos textos, em voga no Renascimento. Vejamos o que diz Burke (2000, p. 179, tradução nossa, grifo nosso)[1]:

> *Um historiador afirmou que a "revolução da leitura" ocorreu na Alemanha no final do século XVIII, no sentido de uma guinada de uma leitura intensiva para uma extensiva. Outro descreveu uma mudança mais gradual e geral de "uma leitura intensiva e reverenciosa a um estilo de leitura mais extensivo", resultado da proliferação e da consequente "**dessacralização**" **do livro**. Foi no meio do século XVIII que Dr. Johnson perguntou ao seu interlocutor, com sua assertividade usual, "Senhor, você lê os livros até o fim?".*

---

1 *Cumpre ressaltar que o modo extensivo de leitura não foi inventado no século XVIII, mas disseminou-se e ganhou prestígio a partir de então, conjugando-se com o modelo das ciências naturais.*

Há uma **relação entre leitura extensiva e conhecimento empírico** e ela fica especialmente clara ao contrastarmos os métodos de estudo de Montaigne, baseado na leitura intensiva, eminente no século XVI, e o de Montesquieu, no século XVIII.

> *O contraste entre esses vizinhos é, entre outras coisas, um contraste entre um modo de leitura do século XVI e [um modo de leitura] do século XVIII. O modo de Montaigne era intensivo, permitindo-o citar passagens com a memória (como mostram pequenas imprecisões), e focava exemplos morais. Montesquieu, em contraste, frequentemente não perscrutava os livros e os lia à procura de fatos, incluindo estatísticas.* (Burke, 2000, p. 192, tradução nossa)

Em Montesquieu, já havia uma busca por dados, por evidências particulares, expressando o crescimento da **importância de se entender os fatos**. Isso foi associado a uma leitura mais telegráfica, oposta ao modelo intensivo.

Outra expressão da apreciação das evidências empíricas e do conhecimento indutivo, ou seja, aquele fundamentado em inferências feitas com base em evidências empíricas, é a emergência da nota de rodapé. Tendo em vista o aumento da **preocupação com as fontes** das informações, em particular entre filósofos naturais e burocratas (isto é, entre as **ciências práticas**), a nota de rodapé foi o meio utilizado para cumprir essa função (informar as fontes). Avanços nas técnicas de impressão também permitiram a publicação de tabelas e elementos visuais, conforme podemos ver no excerto a seguir.

> *O uso de colunas paralelas em tabelas cronológicas assistia o leitor na tarefa de "sincronizar" diferentes sistemas de contagem do tempo (judeu, cristão, muçulmano e por aí vai), assim revelando "anacronismos". Em paralelo à ascensão das estatísticas, a crescente importância de tabelas*

> *de números pode ser notada, quer o tema do livro seja astronomia, história ou economia política. Tabelas facilitaram comparações e contrastes. Diagramas e outras ilustrações, frequentes em muitos tipos de tratados, do manual herbário ao de perfuração, permitiram que leitores usassem os livros sem prestar muita atenção ao texto. Novas habilidades de leitura ou modos de alfabetização foram cada vez mais requeridos para compreender mapas, tabelas de números e daí em diante.* (Burke, 2000, p. 184; tradução nossa)

Toda essa atenção com os dados, com as evidências, fazia parte do ideal do conhecimento imparcial e impessoal, mais tarde conhecido como *objetivo*, sendo este um dos fundamentos da ciência moderna. Outra grande mudança nesse sentido foi a do **estudo das palavras** para o **estudo das coisas**, conforme nos explica Burke (2000, p. 85-86; tradução nossa) a seguir.

> *"Aprendizado bibliográfico", como era às vezes chamado, era ocasionalmente distinguido, mesmo por membros do clericato, do conhecimento das coisas. Comelius, por exemplo, enfatizou a importância de estudar coisas em vez de palavras, e uma distinção similar já fundamentava a crítica humanística do palavreado e o detalhismo excessivo dos filósofos escolásticos, o "jargão das escolas". O conhecimento quantitativo foi distinguido do conhecimento qualitativo e foi levado cada vez mais a sério. Como Galileu famosamente declarou, o livro da natureza é escrito na linguagem da matemática.*

A nova forma de conhecimento, portanto, valorizava cada vez mais o mundo natural, um mundo separado das nossas projeções mentais, de crenças e valores tradicionais. Os estudiosos acreditavam cada vez mais que a natureza é uma ordem autônoma, alheia aos desígnios divinos, e composta por âmbitos independentes entre si, como fenômenos físicos e biológicos.

Passou-se a olhar cada vez mais para os detalhes, para o específico, o particular, para, então, fazer generalizações. Disseminou-se o termo *pesquisa* (*recherche*, *ricerca*, *research*) durante o século XVIII, associado a termos como *investigação*, derivado do direito legal, e *experimento*, aplicado, sobretudo, no teste de leis naturais (Burke, 2000). Em outras palavras, a ascensão do empirismo e a constituição do que mais tarde viria a ser conhecido como *ciência* estão na base de todo esse processo. A ciência da política, evidentemente, inseriu-se nesse amplo processo de constituição da ciência. Ela, entretanto, ao contrário de ciências naturais, como a física, permaneceu ligada às humanidades. Abordaremos essa dupla natureza no tópico a seguir.

(4.3) História e estatística

Uma das maiores oposições atuais na Ciência Política brasileira é entre **trabalhos que usam estatística** para entender os fenômenos políticos e **trabalhos que empregam métodos históricos**. Essa oposição retrata o conflito entre o conhecimento humanístico e o conhecimento científico na história ocidental. Mas qual a sua origem? Tentaremos responder a essa questão a seguir.

Originalmente, a estatística foi usada para fins políticos, combinando o rigor matemático às necessidades políticas das monarquias absolutistas do período iluminista. A raiz do termo *estatística* vem de *estado* – um fato etimológico fundado em necessidades do poder político: durante a década de 1660, Jean-Baptiste Colbert (1619-1683), ministro das finanças do reinado de Luís XIV, levantou uma série de dados quantitativos em áreas muito diversas, com base em censos sobre as condições de vida da população francesa e relatórios sobre o número de árvores das florestas do território francês (Burke, 2000). Assim, inspirado em Colbert, um nobre interessado em pesquisa quantitativa, chamado Marshal Vaubanem, cunhou a expressão *les statistiques*, referindo-se a "palavras, informações úteis para homens de estado" (Burke, 2000, p. 137, tradução nossa). Na década de 1680, Leibniz (1646-1716), filósofo e eminente matemático alemão, recomendou o uso de tabelas estatísticas no planejamento das políticas de Estado. Leibniz chamou a matéria de *Staatstafeln*, utilizando o conhecimento estatístico então disponível (Burke, 2000).

A partir daí, as estatísticas seriam instrumentos imprescindíveis de administração e controle nos países europeus, entendidas como técnicas fundamentais para o exercício e a manutenção do poder.

Mas aqueles que estudavam a política, cujo conhecimento era substancialmente filosófico, permaneceriam distantes da estatística até sua incorporação pela Ciência Política estadunidense, quando esta se rebelou contra as abordagens históricas e jurídicas praticadas na sua primeira fase de existência. A hegemonia da tradição humanística fez com que a incorporação da estatística esperasse pela adoção do positivismo pelas ciências sociais, entre elas a ciência da política, entre 1920 e 1950.

Isso, no entanto, não fez diminuir a oposição entre o emprego de métodos históricos e os trabalhos que utilizam a estatística, pelo contrário; a adoção de métodos estatísticos e de uma linguagem mais científica foi tratada, pelos humanistas, como uma intrusão das ciências naturais no domínio humanístico. Os humanistas defendiam que os métodos das ciências naturais eram inadequados aos fenômenos humanos. Argumentavam que os fenômenos humanos têm uma especificidade – são repletos de sentido, são fenômenos culturais, espirituais – que os torna inescrutáveis pelos métodos das ciências naturais. Esses métodos, diziam, são adequados ao mundo natural, cujos fenômenos não são dotados de sentido como o são os fenômenos culturais. Já os positivistas, por seu turno, defendiam que essa especificidade não era incompatível com métodos típicos das ciências naturais ou com a lógica matemática. Hoje, a Ciência Política privilegia abordagens mais científicas, ditas *positivistas*, mas também há uma importante produção de caráter humanístico na disciplina, embora essa convivência, assim como no passado, nem sempre seja pacífica.

A Ciência Política estadunidense foi decisiva para a expansão da tradição científica, sobretudo com a chamada *revolução comportamentalista*, a partir da década de 1920. Depois da Segunda Guerra Mundial, a tradição científica se tornou dominante na ciência da política estadunidense, o que, entretanto, não ocorreu, na mesma medida, nas ciências políticas europeias, cuja tradição humanística permaneceu forte. E quanto à ciência política no Brasil? Esse será o objeto do próximo capítulo.

Estudo de caso

Um objeto semelhante pode ser entendido de formas diversas. Tomemos como exemplo a democracia. Um estudioso de orientação humanística se interessa mais pelo significado da democracia. Ele faz uma reconstrução dos seus conceitos, avalia a evolução deles ao longo do tempo e propõe aquele que considera ser o mais adequado. Uma análise humanística também pode avaliar democracias usando comparação histórica, identificando características que estavam presentes em certas democracias, e não em outras.

Um estudioso de orientação científica se interessa mais por democracias concretas. Ele observa a democracia brasileira, por exemplo,

Fernando Leite

e avalia as causas do que observa. Hoje em dia, é comum, por exemplo, diagnosticar o alto grau de fragmentação do sistema partidário. Os cientistas políticos observam as normas que regem os partidos, como o *Estatuto dos partidos*, as decisões judiciais, a dinâmica das coligações, para explicar o fenômeno.

Como se vê, não existe uma forma única de entender as coisas, e isso também se aplica à política. Em última instância, entretanto, essas formas podem ser complementares: tão necessário quanto determinar relações de causa e efeito é propor novos conceitos.

Síntese

Não existe apenas uma forma de compreender a realidade, pois ela é muito complexa. Além disso, a mente tem diversas capacidades de compreensão, permitindo a ela interpretar o mundo de várias maneiras. Isso contribui para que se estabeleçam tradições intelectuais. Neste capítulo, verificamos duas tradições intelectuais importantes: a humanística e a científica. A primeira prioriza o significado que os fenômenos têm para as pessoas que os vivem; a segunda, as relações de causa e efeito entre fenômenos.

Essas questões também se aplicam à política. Assim, até o fortalecimento da tradição científica na Ciência Política, a partir do final do século XIX, a tradição humanística era dominante. O pensamento político, em boa medida, era especulativo, abstrato e altamente normativo. Com o fortalecimento da tradição científica, a Ciência Política passou a empregar métodos estatísticos e a interessar-se mais por rigor metodológico e pela verificação empírica das teorias.

Questões para revisão

1. Sobre o conceito de *tradição*, assinale a afirmativa correta:
   a) Toda escola é também uma tradição, porém nem toda tradição é uma escola.
   b) Quando uma abordagem ou teoria substitui outra, temos necessariamente uma mudança de tradições.
   c) Tradições disciplinares e intelectuais são elementos completamente independentes e antitéticos, não podendo se combinar.
   d) Uma tradição pode se referir a objetos, abordagens, métodos e assim por diante, indicando padrões de pensamento que se reproduzem no tempo.
   e) *Tradições intelectuais*, como diz o nome, referem-se à figura do intelectual, à maneira de pensar dos intelectuais.

2. Sobre as tradições intelectuais na Ciência Política contemporânea, assinale a afirmativa correta:
   a) Tradições intelectuais que existem na Ciência Política, como a humanística e a científica, também existem em outras disciplinas.
   b) A tradição científica está fortemente ligada a abordagens quantitativas.
   c) A tradição humanística refere-se à filosofia política desenvolvida desde a Antiguidade.
   d) As tradições intelectuais na Ciência Política partem da teologia, evoluindo até chegar à ciência.
   e) A oposição entre a tradição humanística e a científica é específica à Ciência Política estadunidense.

Fernando Leite

3. Sobre as tradições humanística e científica, assinale a afirmativa correta:
   a) O conhecimento humanístico não é científico por ser muito amplo. Não é possível fazer ciência sabendo muitas coisas.
   b) A tradição científica foi se destacando da humanística, em particular da filosofia, concomitante ao fortalecimento do conhecimento empírico.
   c) História e estatística referem-se a formas de conhecimento rigorosamente opostas, sendo impossível conciliá-las.
   d) É impossível que a tradição humanística incorpore certos aspectos da tradição científica, como argumentos de causa e efeito.
   e) O método histórico-comparativo, por sua natureza qualitativa, não pode ser considerado científico.

4. Sobre a evolução dos currículos e as formas de conhecimento, assinale a afirmativa correta:
   a) As reformas universitárias humanísticas não modificaram, fundamentalmente, a concepção de conhecimento da época, baseada no ideal do conhecimento universal.
   b) Os humanistas se opuseram aos filósofos escolásticos porque desejavam mais especialização na formação acadêmica.
   c) O currículo humanístico valorizou mais a filosofia natural, estimulando o desenvolvimento das ciências naturais.
   d) O ideal de conhecimento universal é mais democrático do que o especializado, já que dá mais oportunidades para que o indivíduo se desenvolva em várias áreas ao mesmo tempo.

e) A reforma humanista dos currículos, ocorrida durante os séculos XVI e XVII, foi uma forma de excluir os números das universidades europeias.

5. Sobre o desenvolvimento do conhecimento científico, assinale a afirmativa correta:
   a) A filosofia proeminente durante o Renascimento valorizava o conhecimento empírico, porque este estava associado às classes operárias.
   b) O fato de a Estatística ter sido usada para fins políticos torna-a uma disciplina destituída de objetividade.
   c) Ao contrário do que sugere o nome, a ciência moderna originou-se do que se chamava de *ars* ("artes práticas"), que tinham menos valor do que as *scientia*.
   d) As inovações técnicas associadas à emergência do conhecimento científico não foram incorporadas pelos humanistas, fortemente marcados pelo fetichismo literário.
   e) A Ciência Política foi fundada no século XIX, quando a ciência já era hegemônica, sendo, por isso, uma disciplina estatística.

Questões para reflexão

1. Estabeleça distinções entre as figuras do polímata e do acadêmico especialista, identificando a qual tradição cada um pertence.
2. Identifique qual, entre o polímata e o acadêmico especialista, é a figura mais forte na Ciência Política estadunidense. Justifique sua resposta.

Fernando Leite

Para saber mais

Artigo

ELIAS, N. Sociologia do conhecimento: novas perspectivas. **Sociedade e Estado**, Brasília, v. 23, n. 3, p. 515-554, set./dez. 2008. Disponível em: <http://www.scielo.br/pdf/se/v23n3/a02v23n3.pdf>. Acesso em: 14 out. 2016.

Norbert Elias apresenta uma abordagem construtivista para compreender sociologicamente o conhecimento. Sua ideia de tratar as disciplinas como nações ilustra muito bem as relações entre disciplinas.

Livro

BURKE, P. **Uma história social do conhecimento**. Rio de Janeiro: J. Zahar, 2003.

Peter Burke faz um panorama da evolução do conhecimento ocidental, identificando suas principais tradições. Faz isso ligando diversas dimensões: da estrutura das bibliotecas até a forma de se ler um livro e de tomar notas.

Site

CONSCIÊNCIA Política. Disponível em: <http://www.portalconscienciapolitica.com.br/ciência-politica/>. Acesso em: 26 jul. 2016.

Site dedicado à informação e aos estudos políticos, resumindo as ideias de vários autores citados no decorrer do capítulo.

Capítulo 5
Tradições disciplinares e
intelectuais na Ciência
Política brasileira

CONTEÚDOS DO CAPÍTULO:

- Influência do modelo humanístico na Ciência Política brasileira.
- Tradição societal: entre o modelo humanista e o científico.
- A Ciência Política brasileira.

APÓS O ESTUDO DESTE CAPÍTULO, VOCÊ SERÁ CAPAZ DE:

1. entender como a Ciência Política brasileira se encaixa no contexto geral da ciência da política no Ocidente;
2. identificar as manifestações, no Brasil, das tradições intelectuais (humanística e científica) e disciplinares (politológica e societal);
3. compreender a política com base em ópticas distintas e mesmo opostas.

As tradições disciplinares e intelectuais influenciaram profundamente a Ciência Política brasileira. Como vimos anteriormente, cada tradição corresponde a grupos de estudiosos. Esses grupos têm visões diferentes sobre como as coisas devem ser estudadas, analisadas e conhecidas – por exemplo, os que se baseiam no conhecimento filosófico e os que se baseiam no conhecimento científico. É natural, assim, que filósofos e cientistas pensem de forma distinta, conduzam seus estudos de maneiras diferentes e até mesmo tenham valores variados.

Neste e no próximo capítulo, analisaremos as características e as relações entre os três principais grupos: os intelectuais humanistas (**modelo humanístico**); os sociólogos associados à escola sociológica paulista (**modelo societal**); e os cientistas políticos mineiros e cariocas vinculados à Universidade Federal de Minas Gerais (UFMG) e ao Instituto Universitário de Pesquisas do Rio de Janeiro (Iuperj) (**modelo politológico-científico**).

Esses grupos lançaram as bases da Ciência Política brasileira. Neste capítulo, vamos nos ater aos dois primeiros, que precederam a institucionalização da Ciência Política: os **humanistas** e os **sociólogos**.

(5.1)
Os intelectuais e a influência do modelo humanístico

Embora continue a exercer efeitos sobre a Ciência Política ainda hoje, o modelo humanístico dominou os estudos políticos no Brasil entre o fim do século XIX e a década de 1950. Tradicionalmente, é possível dividir esse período em dois: (1) **intelectuais que escreviam fora das universidades**, por conta própria, como Victor Nunes Leal, Francisco de Oliveira, Oliveira Vianna, Azevedo Amaral, Alberto Torres, Pontes Miranda, Nestor Duarte, entre outros; e (2) **intelectuais cariocas que**

faziam parte do Instituto Superior de Estudos Brasileiros (Iseb), em particular Hélio Jaguaribe e Evaristo de Moraes Filho, entre as décadas de 1950 e 1960. Bolívar Lamounier (1982, p. 413, grifo do original) define esse período da seguinte forma:

> *Do ponto de vista das condições institucionais em que é produzido o conhecimento político, essa fase pode ser facilmente caracterizada como um trabalho isolado de **pensadores**; do ponto de vista da forma, pelo recurso a amplos ensaios histórico-sociológicos que visavam substanciar propostas de reforma constitucional. Era, pois, um trabalho essencialmente individual, sem apoio universitário e sem crítica acadêmica sistemática.*

Em outras palavras, trata-se de um modo de estudo e de produção intelectual considerado "pré-científico" (Lessa, 2011a, p. 20-21) pelos grupos que os sucederam, ou seja, a escola sociológica paulista e os cientistas políticos mineiros e cariocas ligados à UFMG e ao Iuperj. A expressão *pré-científico* indica, sobretudo, duas coisas: (1) **que é normativo e propositivo em vez de objetivo**, mais apegado a considerações de valor do que a considerações de fato; (2) **não emprega métodos rigorosos de análise empírica e de validação de hipóteses**. Obviamente, esse não era o propósito dos intelectuais humanistas: eles queriam interpretar a **natureza** (no sentido de característica fundamental) e a **cultura** do Brasil e mudá-lo para o que seria, na visão deles, um país mais moderno e alinhado às potências centrais.

Nesse sentido, além de se dedicarem ao que seria o **espírito**, a **natureza** e a **cultura nacional**, alguns desses autores, em particular Victor Nunes Leal, também pesquisavam as **instituições** do Estado. Esses intelectuais estavam preocupados em identificar as causas do que fazia do Brasil, na perspectiva deles, um país atrasado. Nesse sentido, as instituições políticas foram consideradas com vistas a responder a uma questão básica: Seriam elas adequadas para uma boa república?

Entre alguns pontos cujos humanistas dedicavam a sua atenção, temos a "centralização ou descentralização política, prerrogativas do Poder Moderador, reforma eleitoral, abolição, propriedade fundiária, papel das forças armadas e forma de governo, entre outros" (Lessa, 2011a, p. 30). Tal pensamento lançou um precedente para a tradição politológica, que foca a política institucional e se estabeleceria a partir da fundação dos primeiros programas de pós-graduação em Ciência Política, no final da década de 1960.

Entretanto, embora as instituições políticas despertassem a atenção desses intelectuais, eles não priorizavam a **questão da autonomia** delas. Fatores dos âmbitos mais diversos, em particular sociais e econômicos, foram mobilizados para explicar as instituições. Os intelectuais oscilavam entre tradições societais e politológicas, utilizando abordagens de caráter humanístico, ou seja, históricas, literárias e ensaísticas, conforme nos ensina Lessa (2011a, p. 27-28) no trecho a seguir:

> *a tradição do ensaísmo brasileiro, fortíssima até os anos 1960, e ainda não de todo extinta, ao considerar temas de natureza política, o fez de um modo tal que narrativas históricas, literárias, filosóficas, sociológicas, econômicas e de outras extrações comparecessem à análise. "Autonomia", nesse caso, implicava apenas o reconhecimento de um domínio de objetos a considerar, mas não a adesão a um saber distinto e independente das demais narrativas sobre a experiência histórica, cultural e social.*

Por isso, do ponto de vista dos critérios atuais de avaliação, a obra desses pensadores ganha valor por considerar as instituições políticas, mas perde valor por não ressaltar a autonomia dessas instituições. Ao mesmo tempo, também perde valor por não ser tão científica. É preciso termos em mente que esse não é um julgamento definitivo sobre o pensamento dos humanistas, mas se trata de como ele é avaliado com base nas perspectivas e nos propósitos da Ciência Política atual.

5.1.1 Eruditos e polímatas no Brasil

Herdeiros do modelo humanístico renascentista, os autores desse período são mais bem definidos como *eruditos* ou *polímatas*, isto é, indivíduos que dedicam suas vidas ao estudo de várias áreas do conhecimento, sobretudo a filosofia, as letras e a história, além de, com certa frequência, engajarem-se diretamente na política. Não são, portanto, especialistas ou profissionais como a maior parte dos acadêmicos e cientistas políticos atuais.

A entrevista de Evaristo de Moraes Filho, concedida a Hiro Barros Kumasaka e Luitgarde Barros, em 8 de março de 1988, expressa muito bem os valores do modelo humanístico, fornecendo-nos um retrato de como, sob a perspectiva desse modelo, devemos conhecer o mundo. Entre vários assuntos, a certa altura da entrevista foi abordada a história do antigo Instituto de Ciências Sociais (ICS) da Universidade Federal do Rio de Janeiro (UFRJ), mencionando-se as características, as personalidades e os destinos de alguns de seus quadros. Evaristo é indagado sobre Rui Coelho, enunciando, do estilo ao conteúdo, os alicerces dessa figura intelectual:

> *Luitgarde – No caso da resposta do professor Rui Coelho, trata-se então de um erudito e não de um professor. Não lhe parece?*
>
> *Evaristo – Não. Nada impede que o professor seja um erudito ou que um erudito seja professor. Uma mesma pessoa pode fazer mais de um curso superior ou dedicar-se a mais de um campo de estudos, para não*

chegar àquele caso extremo do especialista, que sabe cada vez mais de cada vez menos [...] Eu próprio, para dar meu exemplo – sempre antipático, segundo Pascal [...] – fiz os cursos de Direito e de Filosofia. Nesses cursos tive oportunidade de estudar, não só filosofia propriamente dita, como: Psicologia, Lógica, Estética, Ética, Economia, Sociologia, Psicologia Educacional, Administração Escolar, Didática Geral e Especial. O universo de interesses foi bem amplo. (Moraes Filho, 1988, p. 26)

Repare no rol aristotélico de assuntos levantados: temos o ecletismo, a concepção renascentista do conhecimento universal, calcada na Antiguidade Clássica. Mas a passagem também mostra outra característica muito importante desse modelo. A estratégica passagem "sempre antipático, segundo Pascal", uma referência ao filósofo francês Blaise Pascal (1623-1662), é inserida em uma afirmação subjetiva e irônica, demonstrando um misto de ironia e erudição. Fazendo isso, Moraes Filho ressalta sua própria personalidade. Seu eu se associa à excepcionalidade – uma **excepcionalidade rebelde**.

Essas são características muito valorizadas nesse modelo de atividade intelectual. Ao mesmo tempo, no trecho, o entrevistado ataca seu oposto, ou seja, a figura do acadêmico especialista e o modelo das ciências naturais, e expressa a alta exigência de recursos e distanciamento necessários para versar sobre tantos saberes.

O modelo humanístico, assim, é altamente aristocrático, exclusivo; porém, sua exclusividade baseia-se na posse de um conhecimento raro, em vez de bens materiais. Esse aristocratismo cultural foi celebrado durante o período renascentista e se faz presente hoje nas ciências sociais (especialmente na sociologia e na antropologia), embora de maneira implícita. Isso esclarece como, até o estabelecimento de um campo acadêmico de ciências sociais em São Paulo e, mais tarde, da Ciência Política em Minas e no Rio de Janeiro, boa parte dos que escreviam sobre política fossem formados em Direito e filhos de famílias tradicionais[1].

Moraes Filho não é um caso isolado. Ele faz parte de uma tradição muito extensa no campo intelectual. Fazendo um paralelo com o passado, um caso interessante, retratado por Burke (2000, p. 189-190, tradução nossa), é o de Peiresc (1580-1637), famoso polímata francês e referência do modelo humanístico no período renascentista[2]:

> *Um caso particularmente bem documentado de um leitor ávido é o do polímata Peiresc. Nicolas-Claude Fabri de Peiresc foi um magistrado de interesses intelectuais extremamente amplos. Vivendo em Provença uma geração antes da ascensão das revistas doutas, Peiresc dependia de uma rede internacional de amigos por notícias da República das Letras, "pessoas curiosas como nós"* (gens curieux comme nous), *como ele as chamava. Sua volumosa correspondência, a maior parte já publicada, é cheia de referências a novos livros, edições dos padres eclesiásticos, uma história dos árabes, o último tratado de Galileu, a série Elsevier de descrições da Polônia e outros estados, as antologias de diários de viagem editados por Richard Hakluyt e Samuel Purchas e, não menos importante, informativos ou gazetas impressas ou manuscritas, de Veneza, Amsterdã, Roma e alhures.*
>
> *Peiresc não aprendeu apenas com livros. Também foi um colecionador entusiástico de objetos como moedas romanas e múmias egípcias, o que nos lembra que o conhecimento podia ser adquirido por vários meios e nos adverte a não enfatizar muito somente a leitura.*

---

1   Para as origens sociais dessa geração, consultar Moraes Filho (1988, p. 6-7 e segs.); Jaguaribe (1988, p. 1-7); Arruda (2001, p. 168-174); Miceli (2001, p. 103-132); Vianna (2005, p. 178-182); Jackson (2007b, p. 34-37), entre outros.

2   As próprias instituições do campo acadêmico de então favoreciam o ecletismo, isto é, institucionalizavam o ideal de "conhecimento universal". Para mais detalhes, consultar Burke (2000, p. 91, p. 84-85 e p. 189-190).

Tanto agora como no século passado – e podemos até mesmo regredir à Antiguidade –, a maior parte dos intelectuais e pensadores tem esta característica em comum: a erudição é fundamental, tanto para realizar e publicar efetivamente bons estudos de caráter humanístico como para que seus autores se afirmem e se distingam no meio intelectual.

O modelo humanístico é eclético, mas isso não quer dizer que não haja uma gradação entre casos extremos, como os de Moraes Filho e Peiresc, e estudiosos mais ligados a certa área disciplinar. Há uma guinada à especialização que se faz sentir no próprio modelo humanístico, com autores que escrevem mais ensaios teórico-conceituais e são mais atraídos pela filosofia. Esses autores usam estilo e pensamento de teor filosófico, que é então aplicado a outras disciplinas, como as Ciências Sociais.

Hélio Jaguaribe personifica esse tipo de autor. Formado em Direito, inscreve-se no padrão de intelectuais da primeira metade do século XX, oriundos de famílias ricas. Inicialmente marxista, assimilou o historicismo[3] e, finalmente, a teoria crítica, que o permitiu reunir marxismo e historicismo (Jaguaribe, 1988). Jaguaribe representa uma visão de ciência social pouco especializada, com elementos de economia, sociologia, literatura e filosofia e engajada politicamente. Seguindo o exemplo do filósofo francês Jean-Paul Sartre, Jaguaribe cultiva a figura do **intelectual total**, em uma simbiose entre cultura (no sentido erudito do termo), estilo filosófico-literário e engajamento político.

---

3 *Orientação filosófica que nega a existência de princípios e leis universais, favorecendo explicações contextuais, que dependem das circunstâncias específicas de cada sociedade, cada grupo, cada contexto histórico.*

Inserido nesse modelo, Jaguaribe fundou, em 1953, o Instituto Brasileiro de Economia, Sociologia e Política (Ibesp), reformulado em 1955, quando passou a se chamar *Instituto Superior de Estudos Brasileiros* (Iseb). Seu quadro foi responsável pela elaboração e difusão do **desenvolvimentismo**, doutrina econômica que coloca o Estado no centro da promoção do crescimento econômico, em particular por meio de estímulos à indústria nacional. No Iseb, também foram feitos estudos teóricos em várias áreas das ciências sociais e da economia (Jaguaribe, 1979).

Assim como Moraes Filho, certas passagens de Jaguaribe, retiradas de algumas entrevistas, encaixam-no precisamente no modelo humanista, conforme podemos perceber no trecho a seguir.

> *Hiro – Mas o senhor exerceu Direito, isso é que espantou nessa entrevista.*
>
> *Hélio Jaguaribe – É verdade. Veja bem, a colocação é incorreta. Deveria dizer que, no período que procedeu meu ingresso à Universidade, eu ainda não tinha uma preocupação com consciência social. Comecei a vida intelectual pensando que iria ser escritor e voltaria um pouco para a poesia e para a coisa literária. No final da adolescência esse interesse transformou-se em interesse filosófico. Confesso que, no fundo, eu sou um filósofo e espero voltar a uma cogitação filosófica nos anos de minha velhice. Mas, circunstâncias várias, problemas no Brasil, desafio da compreensão de por que nós funcionamos mal (como quem nasce em uma família de loucos tem tendência para ser psiquiatra, quem nasce em sociedade subdesenvolvida e está angustiado com isso, tem tendência à ciência social), isso me levou, a partir da minha formação jurídica – que, naquele tempo, muito mais que hoje, era muito sociológica – a entrar na ciência social. Mas eu tinha a preocupação de ter uma vida não miserável e poder combinar uma vida razoável, de classe média, com uma vida intelectual. Então,*

a advocacia me abriu esse caminho. Comecei minha carreira prática com a advocacia. [...] Isso me permitiu, nesse tempo, financiar meus projetos, a revista "Cadernos do Nosso Tempo". Isso me deu, enfim, essa entrada na vida pública [...]. (Jaguaribe, 1988, p. 25-26)

Mais adiante, Jaguaribe fala da relação do intelectual com a política:

Qual é a possibilidade do intelectual de ser ouvido pelo militante se ele se torna um concorrente do militante, disfarçado de intelectual? Não tem sentido. E as pessoas não são tolas e tudo que é falso não vinga. Eu sustentava, então: "Somos intelectuais, um intelectual pensa e propõe". Propõe defende tal tese, mas não disputa cargo, não pretende ser eleito. Ele está propondo uma influência prática, mas desinteressadamente. É isso que torna possível um diálogo válido entre um político militante e um intelectual. Mas esse pessoal, disfarçado de intelectual, quer ser deputado, quer ser ministro. É razoável que o pretendam, mas não pensem fazê-lo como titular de uma magistratura intelectual. (Jaguaribe, 1988, p. 12)

Em outras palavras, o trabalho de estudar, pensar e escrever, ou seja, o trabalho intelectual propriamente dito, tem a práxis como sua principal dimensão. *Práxis* significa determinada prática revolucionária orientada por teoria social. Para Jaguaribe (1988), o intelectual está comprometido com a *práxis*.

Mas, afinal, como o intelectual pode ter autonomia? Ele se dedica às ideias (à teoria) para propor cursos de ação, mas ele não os leva a cabo. Portanto, não é o intelectual quem efetivamente faz política.

Na prática, porém, essa simbiose entre teoria e prática apresenta ambiguidades. Há sempre o risco de o intelectual se afastar em demasia do mundo real, fazendo com que a práxis se torne uma teoria puramente teórica, deixando, afinal, de ser práxis, conforme o trecho a seguir.

Luitgarde – Professor, do que eu ouvi, seria um equívoco eu entender que toda a sua apropriação do conhecimento do mundo tem sido pela via teórica?

Hélio Jaguaribe – Bem, evidentemente o conhecimento teórico, o saber teórico, só se pode obter por via teórica. Não nos façamos ilusões. Nenhuma praticidade conduz a níveis superiores de elaboração, sem prévia armação teórica. Portanto, da praticidade corrente à teoria dos quanta existe um intervalo da cultura, da praticidade corrente à Einstein existe um intervalo de cultura, e assim por diante. A praticidade corrente não conduz a níveis superiores de abstração. É uma ingenuidade do pragmatismo supor isso. Mas, de outra parte, o homem puramente teórico fica sem o "feedback" da experiência prática" [...].

Luitgarde e Hiro – E como o senhor encara uma afirmação que tem sido feita, geralmente pelo pessoal intelectual do Rio, de que era um intelectual só com intenção de influenciar decisões, mas não preocupado com a institucionalização da prática científica?

Hélio Jaguaribe – Isso depende [...] O ISEB teve de tudo. Eu, pessoalmente, inclusive, sou extremamente interessado em filosofia, tenho uma parcela da minha obra dedicada exclusivamente à filosofia. Tenho um grande interesse em teoria social, em teoria do desenvolvimento. Meu livro "Desenvolvimento político e desenvolvimento econômico" é um livro totalmente teórico. Meu estudo "Introdução à sociedade não repressiva" é um livro teórico. Minha produção teórica é grande, não sou de nenhuma maneira infenso à teoria. Mas, por outro lado, essa minha angústia de contribuir para a modificação da sociedade me leva a achar que tem tantas pessoas que estão na vida teórica pura, que há suficiente espaço para aqueles que pensam a realidade contemporânea e a problemática teórica com uma certa vista à transformação social". (Jaguaribe, 1988, p. 5, 18, grifo do original)

Repare em uma coisa interessante no trecho anterior: em nenhum momento Jaguaribe se refere à pesquisa empírica. Apesar de se apresentar como prática, o trabalho do intelectual lida com teoria e gera teoria. Não é o intelectual que coloca a teoria em prática. Essa tarefa é ofício do militante: aquele que está no partido, que se elege, que se engaja nos assuntos da política do dia a dia. O papel do intelectual é observar o que acontece à distância. Assim, a validade da teoria não envolve a verificação empírica sistemática. Tudo depende da capacidade de abstração do intelectual – que, para se proteger da refutação, corre o risco constante de fazer sua teoria, a qual chama de *prática,* ser cada vez mais teórica.

> Em outras palavras, o trabalho de estudar, pensar e escrever, ou seja, o trabalho intelectual propriamente dito, tem a práxis como sua principal dimensão. *Práxis* significa determinada prática revolucionária orientada por teoria social.

Em suma, nessa versão do modelo humanístico, abordagens filosóficas estão no centro. As ciências sociais se diferenciam dela por ter um **objeto mais específico** (a sociedade) e por orientar-se para a **transformação do mundo** (prática).

O modelo humanístico produziu efeitos duradouros sobre a Ciência Política no Brasil. Dentre os quais podemos destacar:

- Dificultou a institucionalização das ciências sociais e, assim, a autonomização da Ciência Política.
- Ao estudar instituições políticas, antecedeu a tradição politológica hoje dominante.
- Precedeu as áreas de teoria política e história das ideias.
- Criou uma cultura de intervenção política que encontrou eco nas tradições societais e politológicas que se estabeleceram depois de 1960.
- Constituiu a figura do intelectual brasileiro, inserindo-se na tradição humanística do pensamento ocidental.

O modelo da tradição societal, que veremos a seguir, retém certas características do modelo humanístico, mas também incorpora elementos do modelo científico.

(5.2)
A TRADIÇÃO SOCIETAL:
ENTRE O HUMANISMO E A CIÊNCIA

A **tradição societal** fica entre o modelo humanístico e um modelo científico mais ortodoxo, pois lida com fenômenos políticos entendidos em sentido amplo, como as relações de poder e as formas de dominação, que têm lugar fora da política institucional.

A tradição societal se estabeleceu entre as décadas de 1940 e 1960. O primeiro local em que se difundiu essa tradição foi a Universidade de São Paulo (USP). Seguindo inicialmente o modelo universitário francês, a USP não era organizada em departamentos como hoje, mas em cátedras. Cada cátedra era ocupada, geralmente, por uma pessoa reconhecida em sua área de atuação. Essa pessoa, então, tinha uma série de orientandos que estudavam a disciplina segundo a abordagem propugnada pelo catedrático. Os rudimentos da tradição societal desenvolveram nas cátedras de Política e de Sociologia, ambas ocupadas por sociólogos franceses ou que seguiam a sociologia francesa, que pouco se voltava à política institucional.

Na década de 1960, estabeleceu-se o grupo de cientistas sociais dirigido por Florestan Fernandes (1920-1995), entre os quais estavam Fernando Henrique Cardoso (ex-presidente do Brasil) e Octavio Ianni, entre outros, que passaram a se concentrar em estudos sobre hierarquias sociais, exclusão e dominação, que são objetos societais por excelência. Na década de 1970, a Universidade Estadual de Campinas (Unicamp) se estabeleceu como um importante centro marxista, estendendo e fortalecendo a tradição societal de estudos políticos. O marxismo seria o seu principal baluarte até a década de 1980 (Quirino, 1994; Arruda, 2001; Peixoto, 2001; Trindade, 2007).

O modelo uspiano opôs-se aos intelectuais precursores do modelo humanístico ao defender uma cultura intelectual mais acadêmica, institucionalizando as ciências sociais e estimulando a autonomia da produção, que passou a responder às exigências de outros acadêmicos, em vez de a comprometimentos políticos.

Nesse modelo, a academia estava separada de campos externos, sendo mais autossuficiente. Além disso, os pensadores ligados a esse modelo acusariam o comprometimento político dos intelectuais cariocas que, na visão deles, inibiram a institucionalização das ciências sociais no Brasil (Miceli, 2001). Temas como *a construção do Estado nacional, problemas da cultura nacional* e o *subdesenvolvimento*, a chamada *questão nacional*, foram associados aos comprometimentos políticos dos intelectuais cariocas.

Tomando essa posição, os uspianos negaram, ao mesmo tempo, posicionamentos políticos, temas e abordagens em favor de objetos e abordagens típicas da sociologia durkheimiana[4] e, depois, marxista. Favoreceu-se uma sociologia distante dos temas políticos apreciados pela Ciência Política e, mais tarde, um marxismo que permaneceria pouco receptivo às instituições políticas e sistematicamente oposto ao modelo científico defendido pelos cientistas políticos.

A tradição societal foi, e ainda é, um caso intermediário entre os extremos humanístico e científico – algo, aliás, típico da sociologia.

---

4   *Émile Durkheim (1858-1917) foi um sociólogo francês reconhecido como um dos principais fundadores da sociologia.* Lançou as bases da chamada *abordagem funcionalista, que entende a sociedade como um grande sistema composto por funções interdependentes. Suas principais obras são* Da divisão do trabalho social *(1893),* Regras do método sociológico *(1895),* O suicídio *(1897) e* Formas elementares da vida religiosa *(1912).*

Isso não quer dizer que tal tradição não se incline para um ou outro em alguns momentos. Até a hegemonia de Florestan Fernandes, a sociologia paulista tinha feitio humanístico, ou seja, estava mais próxima da literatura e da filosofia, assim como a sociologia francesa da época (1930-1940). A principal diferença é que as abordagens humanísticas eram cultivadas dentro da universidade, em vez de fora dela, como antes. E também estavam mais distantes do engajamento político.

Isso garantiu certa autonomia de pensamento e, sobretudo, estimulou a profissionalização da atividade acadêmica, permitindo que os estudiosos vivessem dela. Também favoreceu mais rigor no tratamento dos conceitos e das evidências e na formação de seu quadro discente e docente.

Antes de banir o estilo literário, a reflexão teórica ou o ensaio, a tradição societal tratou de defender e garantir a autonomia do pensamento social. O modelo humanístico não foi negado, pelo contrário, predominou nas cátedras de Política e Sociologia (Quirino, 1994) até Florestan Fernandes assumir a cátedra de Sociologia I, em 1954, permanecendo uma sociologia literária em Sociologia II (Arruda, 2001; Pulici, 2007; 2008).

Inicialmente, a autonomização das ciências sociais envolveu a importação de abordagens da sociologia francesa, apropriadas de forma mais científica ou mais humanística, dependendo das preferências deste ou daquele catedrático. Essa polarização refletia a situação da própria sociologia na França: a escola durkheimiana declinou entre a Primeira e a Segunda guerras mundiais, fortalecendo-se abordagens mais literárias e filosóficas (Lepenies, 1996). Assim, o modelo uspiano oscilava entre as figuras do erudito e do acadêmico especialista, este último corporificado na figura de Florestan Fernandes. O modelo humanístico era cultivado por personagens como Antônio Cândido, Ruy Coelho, Azis Simão e Lourival Gomes Machado (Arruda, 2001), já inserido na cultura intelectual francesa pós-durkheimiana, mais etnográfica e centrada nas letras.

A sociologia praticada pelo grupo de Florestan Fernandes já agregava discussão conceitual rigorosa e argumentos estruturados em torno de evidências empíricas, porém não atingia as exigências de cientificidade do empirismo anglo-saxão, propugnado pela Ciência Política que se institucionalizaria a partir de 1967. Entretanto, não foi esse o motivo do conflito com os cientistas políticos mineiros e cariocas. Na verdade, estes últimos entraram em choque com o reposicionamento intelectual e político do grupo de Florestan Fernandes, decorrido no final da década de 1960, que se tornou mais filosófico e politicamente engajado.

Foi com José Arthur Giannotti (1930-) que se consumou o processo de conversão ao modelo humanístico, centrado no modelo do intelectual francês. Liderado por Gianotti, um grupo de estudos marxistas se estabeleceu de forma independente de Florestan Fernandes, inspirado em reinterpretações filosóficas das chamadas *obras de infância* de Karl Marx, ou seja, filosóficas, e, sobretudo, nas ideias de Lukács, Sartre e Goldman, modificando radicalmente o modelo de atividade intelectual e as abordagens associadas à cátedra de Sociologia (Arruda, 2001). Uma concepção societal de *político* ganhou corpo, encontrando respaldo no marxismo que se estabeleceria na Unicamp em torno de Décio Saes, Álvaro Bianchi e Armando Boito Jr., estendendo-se além da década de 1970.

Houve, assim, uma dupla conversão: intelectualmente, o grupo de estudos marxistas era mais filosófico; politicamente, tornou-se mais radical. Os acadêmicos da USP passaram a militar politicamente, embora sem exercer influência direta sobre a política, como o grupo vinculado ao Iseb, conhecido como *isebianos* (Miceli, 2001). Isso somente ocorreria mais tarde, com a fundação do Partido da Social

Democracia Brasileira (PSDB), em 1988, do qual participou Fernando Henrique Cardoso.

Em resumo, sem suprimi-la, a USP inseriu a cultura humanística em um campo acadêmico que forneceu subsídios para seu cultivo, mas com mais independência das elites sociais e econômicas. Aprofundando a tendência à profissionalização, vista em Florestan Fernandes, a atividade intelectual passou a ser mais propriamente um trabalho. Ao mesmo tempo, esse campo acadêmico também favoreceu o florescimento de ciências sociais mais científicas, embora aquém dos critérios de cientificidade instituídos no eixo UFMG-Iuperj e sempre convivendo com grupos mais alinhados a uma ciência social de caráter predominantemente literário e filosófico.

5.2.1 O *POLÍTICO* ENTENDIDO EM SENTIDO AMPLO E O SOCIOLOGISMO

A sociologia e a etnologia dominaram as ciências sociais no Brasil na primeira metade do século XX, inibindo o estudo de temas políticos. Na USP, como vimos, foi proeminente a sociologia francesa. Também é digna de nota a Escola Livre de Sociologia e Política (ELSP), com o predomínio de uma sociologia de orientação estadunidense. Durante a década de 1950, questões envolvendo poder, como desigualdade racial e exclusão social, entraram em pauta, porém, tanto na USP quanto na ELSP voltava-se pouco para a política institucional. A isso se deu o nome de ***sociologismo*** (Lamounier, 1982; Forjaz, 1997; Arruda, 2001,). Temas políticos acabaram sendo abordados pelo Direito, fazendo com que a análise das instituições políticas tivesse um caráter formalista.

A política entrou em pauta a partir da década de 1960, em função de dois processos relacionados: (1) cresceu a importância de temas políticos na academia, associada à radicalização ideológica, à medida que os movimentos comunistas ganharam força; temas como *dominação de classe* tornaram-se o centro das atenções, inspirados por uma concepção holista[5] de *político*, cada vez mais marxista; (2) a seguir, em reação a essa abordagem, acusou-se a falta de atenção sobre a política institucional, demarcando-se a Ciência Política.

O caso de Florestan Fernandes está no centro do primeiro processo. Questões envolvendo desigualdade e justiça social passaram a constituir as principais preocupações do grupo de sociólogos ligados à cátedra dele. É possível perceber essa guinada no título das teses de Florestan Fernandes e de Fernando Henrique Cardoso. No caso do primeiro, a tese "A função social da guerra na sociedade Tupi-Nambá" é tipicamente etnológica, baseada na sociologia durkheimiana. Por sua vez, o título da tese de Fernando Henrique Cardoso – orientado por Florestan Fernandes, diga-se – já apresenta um título que indica que temas que dizem respeito à justiça social e à desigualdade passaram a ganhar importância: "Formação e desintegração da sociedade de castas: o negro na ordem escravocrata do Rio Grande do Sul".

A trajetória do próprio Florestan Fernandes expressa esse processo. Depois de estabelecer uma cultura mais científica na USP em seu

---

5 O holismo é uma orientação filosófica que entende que as coisas devem ser vistas em sua totalidade, globalmente, não como uma coleção de partes. É a ideia de que o todo é maior do que a soma de suas partes. Na combinação das partes, gera-se algo que não está em nenhuma delas, singularmente, como a água, que tem propriedades não encontradas no oxigênio ou no hidrogênio, que são combustíveis. O holismo fundamentou o funcionalismo de Durkheim, que entendia que a sociedade é uma entidade que não se reduz à soma dos indivíduos. O holismo é por vezes acusado de anticientífico pelo filósofo da ciência Karl Popper. O individualismo metodológico, corrente que foca o comportamento individual na explicação dos fenômenos sociais, opõe-se ao holismo.

período funcionalista⁶, ele aproximou-se de Marx e de Weber até, finalmente, elaborar uma sociologia aplicada, profundamente preocupada com os problemas socioeconômicos que afligiam o país (Arruda, 1995).

> No final da década de 1960, o marxismo se tornou a abordagem de maior influência nas ciências sociais. O eixo deslocou-se de uma sociologia mais preocupada com o problema da natureza do conhecimento e com a cultura, predominante entre 1940 e 1950, em direção a uma sociologia econômica e política.

No final da década de 1960, o marxismo se tornou a abordagem de maior influência nas ciências sociais. O eixo deslocou-se de uma sociologia mais preocupada com o problema da natureza do conhecimento e com a cultura, predominante entre 1940 e 1950, em direção a uma sociologia econômica e política.

A formação dos projetos de pesquisa *A empresa industrial em São Paulo* e o ambicioso *Economia e sociedade no Brasil* (Jackson, 2007a) são ilustrativos desse processo, bem como a produção subsequente a 1961, quando Fernando Henrique Cardoso e Octávio Ianni defenderam suas teses de doutorado, retomando o foco sobre problemas estruturais da sociedade brasileira, tão caros aos intelectuais (Arruda, 1995). O marxismo sacramentou estudos de fenômenos políticos entendidos em sentido amplo, contribuindo para o estabelecimento da tradição societal na Sociologia e na própria Ciência Política.

---

6   O funcionalismo é uma abordagem sociológica, baseada sobretudo nas obras de Émile Durkheim (1858-1917) e Talcott Parsons (1902-1979), que entende a sociedade como um organismo composto por partes interdependentes, cada uma cumprindo uma função. O bom funcionamento do organismo faz com que a sociedade funcione harmoniosamente. Quando as partes não estão bem integradas, ocorrem problemas sociais e instabilidades que, no limite, podem colocar em risco a coesão da sociedade.

5.2.2 EFEITOS DA TRADIÇÃO SOCIETAL NA CIÊNCIA POLÍTICA BRASILEIRA

O efeito principal da tradição societal foi **inibir o estudo da política institucional e a institucionalização da Ciência Política**, retomando a questão das relações disciplinares e da autonomia dessa disciplina, temas abordados quando discutimos o caso da Ciência Política estadunidense. A dependência em relação à Sociologia, em particular, inibiu os estudos sobre a política institucional e a autonomia da Ciência Política brasileira.

Nesse sentido, o caso brasileiro se parece com o italiano. Pasquino (1982) sugere que a dependência da Sociologia foi uma das principais causas da escassez de estudos sobre a política. Segundo ele, essa dependência dificultou a institucionalização da Ciência Política na Itália. A carreira de Giovanni Sartori (1924-), importante cientista político italiano, é mencionada para exemplificar a relação entre o foco sobre instituições políticas e a autonomia da Ciência Política (Pasquino, 1982; Arruda, 1995). Na Itália, como no Brasil, focar a política institucional e ressaltar sua autonomia causal justificou a autonomização da Ciência Política.

Outro efeito importante foi **introduzir os estudos societais na Ciência Política** depois que ela se institucionalizou. Talvez você esteja se perguntando: Mas como isso ocorreu, já que esses estudos dificultaram sua autonomia? Bem, a Ciência Política e a Sociologia permaneceram vinculadas, pois: (1) as disciplinas continuaram condensadas na graduação, nos cursos de ciências sociais; e (2) a Ciência Política é dependente da Associação Nacional de Pós-Graduação em Pesquisa em Ciências Sociais (Anpocs) – somente em meados da década de 1990 a Associação Brasileira de Ciência Política (ABCP) passou a organizar congressos específicos de Ciência

Política, estimulando áreas e abordagens específicas, mais politológicas. Esses vínculos permitiram a migração de sociólogos, temas e abordagens societais para o campo da Ciência Política. Assim, diferentes definições de *político* se estabelecem na disciplina. A tradição societal, portanto, passou a fazer parte da Ciência Política.

Os seguintes efeitos também são dignos de nota:

- A Sociologia contribuiu para estabelecer um campo universitário autônomo, sem o qual, não existiria a Ciência Política.
- Deu-se início à profissionalização da atividade intelectual, da qual também dependeu a Ciência Política.

A relação entre a Sociologia e a Ciência Política, portanto, foi complexa. A primeira não foi somente prejudicial ao estabelecimento da segunda, pois ela também fez contribuições indiretas, construindo uma plataforma de instituições acadêmicas nas quais a Ciência Política se apoiou para se estabelecer.

Síntese

A Ciência Política brasileira se desenvolveu em um contexto em que temas políticos eram abordados por outras disciplinas. No início do século XX, não havia disciplinas acadêmicas claramente definidas. Os estudos políticos, assim, eram conduzidos por diletantes que tinham uma perspectiva híbrida, influenciada por várias disciplinas. Esses estudos eram essencialmente humanísticos. A seguir, a Sociologia dominou o estudo desses temas. Nesse sentido, os estudos políticos no Brasil foram fortemente marcados pela tradição societal, que privilegia fenômenos políticos fora da política institucional, como a desigualdade e a dominação. A Ciência Política brasileira, então, estabeleceu-se inicialmente contra as tradições humanística e societal, buscando se distinguir delas, sendo, ao mesmo tempo, científica e politológica.

Questões para revisão

1. Sobre a atuação das tradições disciplinares na Ciência Política brasileira, assinale a afirmativa **incorreta**:
   a) A Ciência Política brasileira foi mais influenciada pela tradição societal do que sua irmã estadunidense, que já nasceu fortemente enredada à política institucional.
   b) A tradição societal é essencialmente menos científica do que a politológica.
   c) A tradição societal foi fortemente representada pelos sociólogos da chamada *Escola Sociológica Paulista*.
   d) A tradição societal favorece uma concepção ampla de poder, como hierarquias e formas de dominação entre classes e grupos.
   e) O modelo humanístico é mais societal do que politológico.

2. Sobre a atuação das tradições intelectuais na Ciência Política brasileira, assinale a afirmativa correta:
   a) No Brasil, não tivemos grandes representantes do modelo humanístico calcados na figura do erudito-polímata, de modo que a tradição humanística não foi tão forte.
   b) Teorias e métodos humanísticos são ruins para a Ciência Política porque inibem sua autonomia.
   c) A tradição científica não existiu nas ciências sociais brasileiras antes da institucionalização da Ciência Política.

Fernando Leite

d) Abordagens humanísticas foram completamente expurgadas da Ciência Política, de modo que hoje estudos de teoria política são feitos na Sociologia Política.

e) A tradição humanística inibiu a institucionalização do campo das ciências sociais e, assim, da Ciência Política.

3. Sobre a tradição societal na Ciência Política brasileira, assinale a afirmativa correta:

a) A tradição societal, embora tenha inibido a autonomização da Ciência Política, estabeleceu um campo acadêmico autônomo, sem o qual esta não existiria.

b) Abordagens da sociologia estadunidense não exerceram qualquer influência sobre a tradição societal brasileira, que se ateve a autores europeus, sobretudo franceses.

c) A fase mais científica da sociologia paulista, do ponto de vista do positivismo, foi em seu período marxista.

d) A sociologia paulista pouco contribuiu para a profissionalização da atividade acadêmica, já que estava mais próxima da tradição humanística.

e) A tradição societal não influenciou a Ciência Política brasileira de hoje, cujas áreas e abordagens são estritamente politológicas.

4. Sobre a relação de intelectuais e sociólogos com a política, assinale a afirmativa correta:

a) Intelectuais como Hélio Jaguaribe pouco se interessavam por política, cultivando a imagem do filósofo afastado do mundo.

b) Os posicionamentos teórico-metodológicos e normativos de intelectuais e sociólogos mostram que, quanto mais humilde a origem social deles, mais de esquerda eles tendem a estar no espectro ideológico.

- c) Os intelectuais precursores e os sociólogos cultivavam ou tomaram posicionamentos políticos, porém não se interessavam tanto pela política como objeto de análise.
- d) O comprometimento normativo dos sociólogos da Escola Paulista fez com que tivessem postura ativa na política, à imagem dos isebianos.
- e) A orientação política da teoria dos isebianos os aproximou do empirismo epistêmico.

5. Sobre a evolução da Ciência Política brasileira, assinale a afirmativa correta:
   a) A Sociologia não deu contribuições significativas para a Ciência Política brasileira.
   b) O modelo humanístico, associado à figura do polímata, não existe mais na Ciência Política.
   c) A Ciência Política brasileira não se encaixa no pensamento político ocidental.
   d) Os estudos societais introduzidos pelos paulistas suprimiram o ensaio teórico.
   e) A Ciência Política incorporou elementos do modelo humanístico e da tradição societal.

Questões para reflexão

1. Explique como a proeminência da tradição societal pôde inibir a autonomização da Ciência Política.
2. Ressalte alguns aspectos em que a sociologia paulista contribuiu para a criação da Ciência Política.

Para saber mais

Artigos

BAPTISTA, K. A. O Cebrap nos anos setenta e a emergência de uma nova interpretação do Brasil. **Perspectivas: Revista de Ciências Sociais**, Araraquara, v. 37, p. 225-248, jan./jun. 2010. Disponível em: <http://seer.fclar.unesp.br/perspectivas/article/view/3560/3329>. Acesso em: 14 out. 2016.

CANDIDO, A. A sociologia no brasil. **Tempo social: Revista de Sociologia da USP**, São Paulo, v. 18, n. 1, p. 271-301, 2006. Disponível em: <http://www.scielo.br/pdf/ts/v18n1/30018.pdf>. Acesso em: 14 out. 2016.

SCHWARTZMAN, S. As ciências sociais brasileiras no século 20. **Ciência Hoje**, São Paulo, n. 159, abr. 2000. Disponível em: <http://www.schwartzman.org.br/simon/10mais.htm>. Acesso em: 26 jul. 2016.

Capítulo 6
A institucionalização e a autonomização da Ciência Política brasileira

CONTEÚDOS DO CAPÍTULO:

- A gênese da Ciência Política brasileira.
- Política e Ciência Política.
- Cientificidade e conflitos com a Sociologia.
- Consolidação de uma nova visão da disciplina.
- A Ciência Política hoje.

APÓS O ESTUDO DESTE CAPÍTULO, VOCÊ SERÁ CAPAZ DE:

1. indicar as tradições e os grupos que estruturaram a Ciência Política brasileira;
2. identificar como conflitos e oposições entre grupos são importantes na constituição de uma disciplina.

Este capítulo discorre sobre o grupo de estudiosos mineiros e cariocas responsáveis pela institucionalização da Ciência Política como disciplina autônoma no Brasil, constituindo a primeira geração de cientistas políticos brasileiros. Assim, investigaremos os fatores que contribuíram para que eles se tornassem cientistas políticos, em um contexto de hegemonia da sociologia e da tradição societal.

Exploraremos a formação dos autores e seus posicionamentos políticos, buscando fatores que contribuíram para sua adesão à ciência da política. Então, vamos identificar os conflitos com outros cientistas sociais, em particular os vinculados à Universidade de São Paulo (USP). Esses fatores, combinados, fizeram com que os cientistas políticos mineiros e cariocas se opusessem às tradições humanística e societal, então hegemônicas, desencadeando a autonomização e o estabelecimento da Ciência Política como disciplina.

Até aqui, vimos que as tradições societal e humanística, hegemônicas nas ciências sociais até a década de 1960, inibiram a criação de uma Ciência Política autônoma. Não havia uma concepção de matéria, ou seja, um objeto de estudo e as abordagens necessárias para a criação de uma disciplina que fosse especializada em política.

A concepção favorável à criação e à autonomização da Ciência Política privilegia a política institucional como objeto de estudo e adere a uma visão mais ortodoxa de ciência, por vezes chamada de *positivista*. Essa concepção foi forjada na trajetória dos cientistas políticos que criaram os primeiros cursos de pós-graduação em Ciência Política na Universidade Federal de Minas Gerais (UFMG) e no antigo

Instituto Universitário de Pesquisas do Rio de Janeiro (Iuperj)[1]. Com base na iniciativa desses pesquisadores, a Ciência Política estendeu-se a outros centros importantes, como a Universidade Federal do Rio Grande do Sul – UFRGS (1973), a Universidade de São Paulo – USP (1974) e a Universidade Federal de Pernambuco – UFPE (1982), disseminando-se a outras universidades a partir dos anos 1990.

(6.1)
A GÊNESE DA CIÊNCIA POLÍTICA NO BRASIL

Tudo começou no curso de graduação em Sociologia e Política da Faculdade de Administração e Ciências Econômicas (Face) da UFMG. Entre 1959 e 1968, lá se formaram Fábio Wanderley Reis, Bolívar Lamounier, Antônio Octávio Cintra, Amaury de Sousa, Simon Schwartzman, Renato Boschi, entre outros.

A Face era um caso muito peculiar nas ciências sociais brasileiras. Ela foi originalmente concebida como um centro de formação de elites incumbidas de modernizar a economia mineira. Com essa finalidade, o curso era repleto de disciplinas jurídicas e econômicas, além de Estatística e Matemática. O ensino dessas duas disciplinas era incomum nos cursos vinculados às faculdades de filosofia (Arruda, 2001), de teor mais humanístico. As matérias de sociologia seguiam o *mainstream*, baseadas em estudos da sociologia francesa, sobretudo os trabalhos do sociólogo francês Georges Gurvitch (Veiga, 1987).

---

[1] Entre alguns de seus principais expoentes, estão: Wanderley Guilherme dos Santos, Fábio Wanderley Reis, Bolívar Lamounier, Antônio Octávio Cintra, Simon Schwartzman, Amaury de Souza, Edmundo Campos Coelho, Eli Diniz, Olavo Brasil de Lima Jr., Renato Boschi, Teotônio dos Santos, Vinicius Caldeira Brandt, Herbert José de Souza, Ivan Ribeiro, Élcio Saraiva, Maurício Cadaval, José Murilo de Carvalho e Vilmar Faria.

O curso, entretanto, não era uma unidade coesa e harmoniosa. Havia orientações opostas dentro dele. Na prática, surgiram grupos com posições divergentes dos propósitos iniciais do curso. Isso porque as disciplinas que estavam reunidas nessa graduação estavam opostas no meio acadêmico: de um lado, a Sociologia; de outro, as disciplinas de orientação mais técnica, como Direito e Economia. Matemática e Estatística também não eram bem vistas pelos sociólogos. Essas oposições internas foram muito importantes para moldar a abordagem dos cientistas políticos.

Em primeiro lugar, despontou no curso uma tensão entre grupos mais técnicos, como os futuros cientistas políticos, e outros mais militantes. Veiga (1987) identifica três deles. O primeiro grupo era mais próximo do marxismo e interessado por sociologia do conhecimento, sendo politicamente engajado e contrário aos princípios técnicos do curso. O segundo, também mais próximo da sociologia, em particular a de orientação weberiana, defendia uma conciliação entre a militância e o trabalho acadêmico. O terceiro grupo era composto pelos futuros cientistas políticos e distinguia-se dos outros dois por priorizar o trabalho acadêmico autônomo, ou seja, afirmava que o propósito de se estar na universidade era estudar e fazer pesquisa, em vez de militar politicamente, razão por que esse grupo era contrário à militância política. Além disso, criticava uma sociologia distanciada da política institucional.

Não por coincidência, esse último grupo compôs os principais quadros do sistema de bolsas da Face, que foi pioneira no oferecimento de bolsas de estudo. Estas eram oferecidas em regime meritocrático e apresentavam um caráter altamente competitivo e semiprofissionalizado. O sistema de bolsas incorporava valores originais do curso, como a formação de técnicos, por exemplo. Como vimos, era difícil para um aluno se sustentar com o estudo e a pesquisa, já que não havia financiamento, tampouco profissionalização. O regime de bolsas estimulou fortemente a profissionalização da carreira acadêmica (Miceli, 1993; Carvalho, 1998; Arruda, 2001).

Isso predispôs os cientistas mineiros a adotar o *scholar* estadunidense, um modelo acadêmico especialista e profissionalizado. Ao mesmo tempo, a formação mais técnica causou preocupações temáticas distintas do sociologismo então praticado, ressaltando as instituições políticas.

O regime de bolsas, a cultura técnica e uma origem social comum (classe média) gerariam uma forte coesão no grupo: eles sabiam que representavam uma visão de disciplina diferente dos demais, e que ela era periférica no campo (Keinert; Silva, 2010).

Tudo isso contribuiu para que os futuros cientistas políticos desenvolvessem preferências teórico-metodológicas e uma visão disciplinar específica, favoráveis a uma Ciência Política politológica e científica. Tais preferências evoluíram com a especialização na Faculdade Latino-Americana de Ciências Sociais (Flacso) e o mestrado e o doutorado nos Estados Unidos, agregando tradição politológica e científica em um único modelo, como veremos mais adiante.

Os futuros cientistas políticos também se interessaram desde cedo pela política institucional, em particular por estudos partidários e eleitorais (Carvalho, 1998). Nesse sentido, a Face contribuiu para esse interesse. Nela havia um curso de Direito, no qual um importante grupo, encabeçado por Orlando de Carvalho, estudava instituições políticas. Carvalho era editor da *Revista Brasileira de Estudos Políticos* (Rbep), na qual, já na década de 1950, eram publicados trabalhos sobre partidos e eleições sob a óptica do direito constitucional (Lamounier, 1982). Os estudantes mineiros criticaram a abordagem desses estudos, acusando-os de formalistas e conservadores.

Ao mesmo tempo, esses estudos chamaram a atenção dos mineiros para a política institucional (Forjaz, 1997; Arruda, 2001)[2].

Com a formação recebida na graduação, as oportunidades de financiamento e as relações com os demais grupos, formou-se um conjunto de preferências e inclinações que se consumaram durante e depois do doutorado: oposição à militância universitária, ao sociologismo e ao formalismo jurídico, associada ao interesse pela política institucional.

(6.2)
A POLÍTICA E A CIÊNCIA DA POLÍTICA

O fato de se afastarem da militância não implicou que os futuros cientistas políticos mineiros não tivessem interesse em influenciar a política. Forjaz (1997) e Keinert e Silva (2010), ao contrário de Veiga (1987), sugerem que as motivações técnicas do curso estavam associadas e até incitaram uma vontade de intervir politicamente[3]. Essa intervenção, entretanto, é permeada por uma cultura técnica, como um engenheiro que usa leis da física e da matemática para construir um prédio.

Assim, mais tarde, com a pós-graduação na Flacso e nos Estados Unidos, a vontade de intervir politicamente passou a ser cultivada

---

2   Nesse sentido, Lamounier (1982) reconhece afinidades entre o neoinstitucionalismo e a abordagem de Orlando de Carvalho.

3   Talvez as duas interpretações não sejam incompatíveis. Enquanto Veiga (1987) refere-se especificamente ao período de graduação na Face, Forjaz (1997) e Keinert e Silva (2010) referem-se também ao período de pós-graduação, quando ocorre a referida simbiose entre intervenção e ciência, havendo talvez mais uma diferença cronológica entre os diagnósticos do que um contraste substancial. Havia também heterogeneidade no grupo, com Fábio Wanderley Reis demonstrando uma posição mais acadêmica e Bolívar Lamounier, mais receptividade à intervenção.

por meio da ciência: empregando métodos científicos, os cientistas políticos forneciam diagnósticos realistas sobre os mecanismos da democracia brasileira, no intuito de melhorá-la (Keinert; Silva, 2010). Esse modelo de atividade intelectual alinha-se com a figura do hoje chamado *politólogo*, que estuda várias dimensões dos regimes políticos, sobretudo a democracia, vislumbrando possibilidades de aplicação prática. Segundo Lessa (2011b), esse modelo emergiu internacionalmente a partir da década de 1990, associado à hegemonia da abordagem **neoinstitucionalista**, que foca instituições políticas, sobretudo sob democracias liberais.

Forjaz (1997) e Keinert e Silva (2010) vão mais longe e sugerem que o interesse em intervir politicamente aproximou os mineiros da Face e os cariocas. Isso ocorreu em paralelo à rejeição do modelo isebiano, a *intelligentsia*[4] carioca hegemônica entre 1950 e 1960. Nesse contexto, os cientistas políticos concordavam com o posicionamento dos cientistas sociais da USP em prol de autonomia acadêmica. Também se opunham ao Iseb, defendendo uma abordagem mais científica, na esteira do politólogo, já aludido anteriormente.

Essa transfiguração do interesse pela **política como vocação** (Weber, 2000), típica da militância, em interesse pela **política como objeto de estudo científico** fez com que os cientistas sociais cariocas e mineiros passassem a atuar para estabelecer uma abordagem mais científica da política institucional, conforme podemos constatar na passagem a seguir.

> *Os nossos contatos intelectuais, que procuravam acentuar mais a análise política, eram no Rio de Janeiro. O eixo era Minas-Rio. As revistas de Minas, a* Brasileira de Estudos Políticos *e a* Brasileira de Ciências

---

4   Trata-se, basicamente, de um grupo de intelectuais vinculados ao poder político (Martins, 1987).

Sociais *tentavam publicar gente do país inteiro, mas quem atraía mais a atenção era o pessoal do ISEB. Como Guerreiro Ramos e Hélio Jaguaribe, que tinham muito o que dizer enquanto cientistas políticos.* (Lamounier, citado por Forjaz, 1997, p. 13)

O contexto político também favoreceu a retomada de instituições políticas, que eram abordadas no pensamento político do começo do século XX, conduzido pelos intelectuais precursores. Durante a década de 1960, houve uma radicalização ideológica generalizada, seguindo o contexto da Guerra Fria – o conflito entre a opção comunista soviética e as democracias liberais ocidentais. Na academia, por um lado, a radicalização correspondia ao fortalecimento do marxismo – que tem uma concepção ampla, societal e econômica dos fenômenos políticos; por outro, o estabelecimento de um Estado autoritário, com o golpe de 1964, deu aos futuros cientistas políticos mineiros e cariocas, desencantados com a opção comunista e a abordagem a seu ver não científica do marxismo, uma oportunidade de estudar instituições políticas para investigar as possibilidades de um governo democrático no Brasil.

Em outras palavras, o posicionamento político de mineiros e cariocas se mesclou a suas opções teórico-metodológicas, opondo-se às opções então existentes. É como se esses estudiosos dissessem: "Não estamos contentes com a abordagem e os temas atualmente em voga, bem como discordamos da opção política a eles associada, ambas perspectivas condensadas no marxismo. Assim, vamos suprir uma lacuna nas ciências sociais brasileiras, entendendo cientificamente os mecanismos institucionais do Estado autoritário para construir uma democracia". As dimensões intelectual e política estavam, assim, condensadas.

Outro importante elemento dessa simbiose entre a intervenção política e a ciência da política é a concepção das instituições políticas como âmbitos autônomos, ou seja, que determinam a si próprios, independentemente de elementos externos, como fatores econômicos e sociais. Isso dá lugar a um posicionamento político: se as instituições políticas têm autonomia, então é possível implantar instituições representativas eficazes em um meio social desfavorável à democracia.

(6.3)
CIENTIFICIDADE E CONFLITO COM A SOCIOLOGIA: A EXPERIÊNCIA NA FLACSO

Vimos como a graduação influenciou os futuros cientistas políticos mineiros, plantando as sementes da visão politológica e científica que eles defenderiam, mais tarde, na maturidade. Pois foi na pós-graduação que essa visão tomou forma, em primeiro lugar, na Faculdade Latino-Americana de Ciências Sociais (Flacso) e, a seguir, no doutorado nos Estados Unidos. O contato com métodos típicos da Ciência Política estadunidense, contudo, ocorreu por meio da Flacso, quando os cientistas sociais mineiros recém-formados tiveram contato com métodos, sobretudo de caráter quantitativo, já estabelecidos nos Estados Unidos[5].

A pós-graduação na Flacso consistiu basicamente em um intensivo treinamento metodológico, sob um prisma mais positivista, ou seja, mais próximo das ciências naturais, enfatizando a estatística e o teste de hipóteses, bem como focando em identificar relações de causa e efeito.

Antes de ir para os Estados Unidos, alguns mineiros retornaram à UFMG, assumindo posições de docência no curso de Sociologia e

---

5 *"De Minas foram Fábio Wanderley, Bolívar Lamounier, Simon Schwartzman, Amauri de Souza. Do Rio, Wanderley Guilherme, César Guimarães, Carlos Hasenbalg. Posteriormente, foram também Renato Boschi, Elisa Reis, Olavo Brasil, os três de Minas"* (Carvalho, 1998, p. 365).

Política, no qual se formaram. O choque foi intenso, pois o curso, apesar de sua orientação técnica, já tinha vocação humanística. Fábio Wanderley Reis e Antônio Octávio Cintra, alguns dos principais expoentes do grupo, retornaram da Flacso em 1963 e 1964 como professores. Sobre eles, Veiga (1987, p. 15) nos diz:

> *Quando retornam, os dois jovens e talentosos professores passam a liderar a modernização das ciências sociais em Belo Horizonte. A perspectiva predominante no curso de Sociologia e Política da FACE, até então, era o da tradição francesa, sob a inspiração de Gurvitch, o principal autor nas disciplinas introdutórias de Sociologia. O elenco de disciplinas sociológicas era complementado por Sociologia do Desenvolvimento, Sociologia do Conhecimento e Sociologia Brasileira. A modernização do curso de Sociologia e Política implicou aposentar a tradição europeia, pelo menos nas disciplinas básicas, e introduzir o aparato teórico-metodológico da tradição anglo-saxã, principalmente, a norte-americana. Autores como Peter Heintz, Galtung, Blalock, Popper são reiteradamente utilizados para consubstanciar a perspectiva da "sociologia científica".*

Trata-se de um posicionamento teórico-metodológico fundado no empirismo, em particular, no **positivismo lógico**[6]. A forte influência dessa concepção de conhecimento é particularmente clara nas palavras de Antonio Octávio Cintra: "E a Flacso foi, literalmente, uma lavagem cerebral [...] a gente já estava predisposta [...] realmente era uma orientação muito da Sociologia norte-americana. Então, nós

---

6 *O positivismo lógico foi uma versão do positivismo elaborado pelo grupo de filósofos conhecidos como o "Círculo de Viena" e que rejeitava todas as afirmações que não fossem verificáveis pela observação, isto é, empiricamente verificáveis. As afirmações sem conteúdo empírico são consideradas sem sentido. Essa versão do positivismo foi muito influente na primeira metade do século XX, influenciando inclusive o comportamentalismo. Para mais detalhes, conferir Kaplan (1964, p. 36).*

voltamos muito imbuídos daquilo tudo [...] Muito neo-positivismo [...] essa foi uma grande influência" (Arruda, 2001, p. 321).

Segundo José Murilo de Carvalho, que se tornaria um historiador importante:

Ele [Johan Galtung, discípulo de Paul Lazarsfeld e professor na Flacso] vinha para recrutar. Fui entrevistado por ele para ir para a Flacso e fui aceito, mas sem bolsa, porque não consegui resolver uma equação, imagino que bastante simples, que ele me mandou resolver na entrevista. Minha álgebra não foi suficiente [...] Sem bolsa, como eu não tinha dinheiro, não pude ir. Isso já mostra o estilo de orientação deles, particularmente do Galtung: uma orientação muito matemática, muito quantitativa, que tinha muito a ver com a ciência social norte-americana. O único gancho que esse tipo de estudo encontrou na Faculdade de Ciências Econômicas foi via estudos eleitorais. Isso já existia lá, Orlando de Carvalho tinha isso na Revista Brasileira de Estudos Políticos, *e por aí não houve um corte significativo. Mas do ponto de vista geral houve uma mudança importante, que na época, inclusive, gerou debate. Eu me lembro de um artigo do Antônio Octávio Cintra que se chamava "Sociologia: ciência fática". Wanderley Guilherme dos Santos, que então estava no Iseb, respondeu com muita ênfase, como lhe é próprio. Posteriormente Wanderley também foi para os Estados Unidos, mas certamente havia um conflito bastante grande entre a nova orientação e o que se praticava em São Paulo e no Rio de Janeiro, particularmente no Iseb.* (Carvalho, 1998, p. 362)

A experiência na Flacso germinou predisposições formadas durante a graduação, dirigindo os cientistas sociais mineiros a aderirem mais fortemente a abordagens mais positivistas, favoráveis à pesquisa empírica e a métodos quantitativos. É importante ressaltarmos que, ao voltarem da Flacso, o grupo ainda não estava afastado da sociologia: estava apenas mais científico ou positivista.

Essas posições ficaram mais claras depois da criação, na UFMG, do Mestrado em Ciência Política, em 1966, e do Departamento de Ciência Política, em 1968, período em que os quadros mais científicos da Face migraram para a Ciência Política. No curso de Sociologia, as abordagens humanísticas continuaram dominantes. Veiga (1987, p. 26) descreve a situação da seguinte forma:

> *Os cursos de Metodologia quantitativa praticamente desaparecem mas não chegam a ser substituídos por outro enfoque metodológico sério até o final dos anos 70. Discute-se uma dialética de algibeira e um marxismo pouco profundo que, em lugar de ampliar o espaço para a reflexão crítica séria, alimentou dogmatismos entre o corpo discente.*
>
> *A geração de professores [...] percebe esses problemas mas também tem sérias restrições à perspectiva neo-positivista e ao estrutural-funcionalismo. O desejo de diversificação das perspectivas teórico-metodológicas conduz à abertura para a produção europeia, e o marxismo, o estruturalismo e, posteriormente, a fenomenologia, passam a ocupar lugar significativo no elenco de preocupações dos jovens professores de sociologia. Em 1973 este grupo inicia seus cursos de doutorado: França e Inglaterra são os centros mais procurados. Nos EEUU [Estados Unidos] busca-se cursos de doutorado onde o predominante não fosse o estrutural-funcionalismo nem os métodos quantitativos. Nesse momento o grupo começa a se desprovincianizar.*

Enquanto isso, o curso de Sociologia e Política da UFMG tornou-se cada vez mais societal e humanístico. O que se estabeleceu durante a década de 1970 é o retrato da tradição societal instituída em outros centros, como na própria USP e, mais tarde, na Unicamp: análise do Estado, classes sociais, capitalismo, marginalidade urbana, configuração do tecido urbano, cultura popular (Veiga, 1987). Aliás, devemos reparar que Gurvitch, muito estudado no curso da UFMG, foi docente na cátedra de Política na USP em 1947, e que, com Arbousse-Bastide e outros, contribuiu para conferir um caráter sociologizante aos estudos políticos na USP (Quirino, 1994) – ou seja, o sociologismo dos estudos políticos na USP marcava presença na UFMG. Por sua vez, os eixos dos cursos de metodologia expressavam um claro deslocamento em direção aos polos humanístico e teórico-conceitual. Na citação a seguir, os termos grifados nos fornecem um mapa mental dos valores de boa parte dos cursos de ciências sociais até hoje.

> *A temática descrita [...] deixa entrever o fio condutor das preocupações metodológicas desse grupo: a importância da **epistemologia** das ciências sociais, as exigências epistemológicas do objeto, o papel da **teoria** na construção do objeto, recusa ao **dogmatismo** de qualquer ordem, a afirmação de **não neutralidade** das técnicas e da importância de se adotar uma estratégia de pesquisa **flexível** e **diversificada** para abordar a **complexidade** da realidade empírica. Preservado o rigor e a seriedade, **quase tudo é permitido**, pois se reconhece que a ampliação do conhecimento envolve **rupturas**.* (Veiga, 1987, p. 29, grifo nosso)

A adesão decisiva ao modelo politológico-científico ocorreu após o doutoramento nos Estados Unidos, quando mineiros e cariocas se formaram nos principais centros estadunidenses, consolidando sua formação mais científica e amadurecendo o interesse especial pela política institucional, então ignorada pelas ciências sociais brasileiras.

(6.4)
A CONSOLIDAÇÃO DE UMA NOVA VISÃO DISCIPLINAR: A EXPERIÊNCIA ESTADUNIDENSE E O CONFLITO COM AS TRADIÇÕES HUMANÍSTICA E SOCIETAL

O doutoramento nos Estados Unidos era o prolongamento natural da experiência na Flacso. Foi então que os cientistas sociais transformam-se, oficialmente, em **cientistas políticos**.

Doutoram-se nos Estados Unidos: Wanderley Guilherme dos Santos (Stanford University), Fábio Wanderley Reis (University of Harvard), Antonio Octávio Cintra (Massachusetts Institute of Technology), Bolívar Lamounier (University of California, Los Angeles), Simon Schwartzman (University of California, Berkeley), Renato Boschi (University of Michigan), Gláucio Ary Dillon Soares (Washington University St. Louis) e José Murilo de Carvalho (Stanford University), para mencionar os principais. Com a exceção de Gláucio Ary Dillon Soares, que se doutorou em Sociologia, todos o fizeram em Ciência Política.

A experiência nos Estados Unidos sintetizou inclinações assimiladas desde a graduação. Em primeiro lugar, o grupo identificou-se com uma forma de trabalho intelectual baseada na figura do *scholar*, ou seja, do acadêmico especialista. Esse modelo valoriza o trabalho coletivo, os periódicos, a leitura extensiva, a atenção à evidência, entre outros atributos típicos do modelo científico.

Em segundo lugar, desenvolveu-se uma formação metodológica de orientação positivista, aprendendo-se métodos quantitativos ainda inéditos no Brasil. Mineiros e cariocas também tiveram contato com abordagens que focavam a política institucional, estudando-a com métodos positivistas.

Tal formação era perfeita para resolver os anseios do grupo. Operou-se a consolidação teórico-metodológica que o grupo tanto necessitava para se opor de forma madura ao marxismo e às ciências sociais de feitio humanístico em prática no Brasil. Ao mesmo tempo, a formação deu base às preocupações políticas do grupo: fazer abordagens científicas sobre a política institucional, cujo traço distintivo em relação aos estudos políticos realizados no Brasil era estudar temas como as transformações dos sistemas de governo, com foco nas causas e nas bases institucionais do regime autoritário; a estrutura do sistema partidário; a elaboração de políticas públicas; o comportamento político, entre outros. Sobretudo, o grupo estudou esses temas considerando fatores internos, em vez de entendê-los como dependentes de fatores sociais ou econômicos.

No início da década de 1970, houve a consciência do papel do grupo e de seus propósitos, o que o mobilizou a instituir teorias e métodos mais científicos, além de temas propriamente políticos nas ciências sociais. Porém, o grupo não se encaixava no espaço acadêmico estabelecido.

Não havia uma disciplina compatível com essas características. Em primeiro lugar, as ciências sociais se apoiavam em parâmetros diametralmente opostos. E os grupos estabelecidos, portadores desses parâmetros, monopolizavam as instituições de ensino e pesquisa no Brasil. Em segundo, ainda não existia a profissão de cientista político no país, porque não havia, ainda, uma disciplina autônoma chamada *Ciência Política*, dedicada a fenômenos políticos – em particular, à política institucional.

Assim, o choque com o *establishment* e as possibilidades de inserção acadêmica abertas pelo terreno inexplorado da Ciência Política no Brasil estimulavam a fundação e a ocupação de um espaço institucional dedicado à Ciência Política, bem como uma definição que considerava sua visão disciplinar científico-politológica.

As tradições politológicas eram particularmente adequadas para o estabelecimento dos cientistas políticos. Tinha-se, afinal, um objeto específico, autônomo e favorável à defesa da democracia: estudar instituições políticas para fazer uma democracia melhor. Com a tradição científica e o modelo do acadêmico especialista, também se combateria o que eles acreditavam ser anticientífico nas ciências sociais.

É assim que o Departamento de Ciência Política foi fundado em 1968, na UFMG, incorporando o primeiro mestrado em Ciência Política no Brasil, criado em 1966. Mas faltavam recursos para acomodar todo o grupo (Arruda, 2001). Assim, boa parte deslocou-se para o Iuperj. No decorrer da década de 1970, transferiram-se José Murilo de Carvalho, Simon Schwartzman, Olavo Brasil de Lima Jr., Elisa Reis, Bolívar Lamounier, Edmundo Campos Coelho e Eli Diniz. Fábio Wanderley Reis permaneceu na UFMG e dirigiu o Departamento de Ciência Política (DCP) dessa universidade, enquanto Wanderley Guilherme dos Santos dirigia o Iuperj, ao qual também se filiaram Gláucio Ary Dillon Soares e Carlos Hasenbalg. O Iuperj fundou seu curso de mestrado em 1969.

6.4.1 O papel da expansão da pós-graduação e da Fundação Ford

As criações do DCP e do Iuperj foram facilitadas pela reforma do sistema universitário brasileiro em 1968, que modificou a forma como os cursos eram organizados. A partir dessa reforma, os cursos passaram a ser organizados em torno de departamentos, seguindo o modelo estadunidense e afastando-se do modelo francês das cátedras. Havia um investimento do governo militar no ensino superior, em consonância com o projeto de modernização nacional-desenvolvimentista propugnado na ditadura militar.

Em paralelo com o exílio de intelectuais considerados perigosos, seguiu-se um vigoroso programa de expansão da pós-graduação, do qual as ciências sociais, entre elas a ciência da política, muito se beneficiaram. Agências governamentais de fomento foram fortalecidas, tanto a Coordenação de Aperfeiçoamento do Ensino Superior (Capes), criada em 1951, durante o governo Vargas, como o Conselho Nacional de Desenvolvimento Científico e Tecnológico (CNPq), que em 1964 passou a ser a agência responsável por formular a política científico-tecnológica nacional, com o apoio da Capes.

Mas a Ciência Política não foi beneficiada apenas pela reforma universitária. Tão importante quanto a reforma foi o apoio da Fundação Ford. Fundada em 1936 por Edsel Ford (1893-1943), filho de Henry Ford, essa fundação tinha um amplo espectro de atuação, geralmente investindo na criação de agências que promoviam o progresso social. O diferencial da Ford era a estratégia de institucionalização de suas iniciativas, de modo que seus investimentos se tornassem autossustentáveis. Nesse sentido, ela implantou um grande projeto de financiamento às ciências sociais na América Latina e, em particular, no Brasil (Miceli, 1990; 1993; 2001).

O contexto político, evidentemente, contribuiu para a forte atuação da Ford na América Latina. Era o período de maior tensão entre os modelos comunista e capitalista, e a América Latina era considerada estratégica pelas potências ocidentais, sobretudo para os Estados Unidos. Atuando como um *soft power*, ou seja, uma forma branda de influência política, a Ford contribuía para evitar a expansão do comunismo estimulando o progresso social dos países subdesenvolvidos. Desconfiada das tendências ideológicas da sociologia brasileira, a Ford investiu pesado na institucionalização da Ciência Política e na expansão da Antropologia, por serem disciplinas pouco institucionalizadas no país e, assim, mais suscetíveis à influência externa.

Obviamente, esse investimento constituía uma oportunidade para exportar modelos estadunidenses de ciência. No entanto, apesar disso, a Ford não exerceu coerção ideológica sobre os grupos e instituições financiadas. Miceli (1990; 1993) sugere que a agência latino-americana era mais liberal do que a matriz estadunidense, que seria mais conservadora. O corte ideológico, é claro, já tinha sido a seleção de quem a Ford beneficiaria, excluindo as disciplinas e grupos considerados suspeitos. Feito esse corte, a fundação dava liberdade a seus financiados[7].

A Ford atuou em diversas frentes. Financiou os doutoramentos de vários cientistas políticos mineiros e cariocas e suas iniciativas, investindo no DCP da UFMG e no Iuperj, e foi muito além, financiando o Centro Brasileiro de Análise e Planejamento (Cebrap), criado em 1969; o Centro de Estudos de Cultura Contemporânea (Cedec), criado em 1976; e o Instituto de Estudos Econômicos, Sociais e Políticos de São Paulo (Idesp), criado em 1980, para mencionar os principais. Tratava-se das instituições de pesquisa mais importantes do Brasil[8].

> Em suma, é provável que, se não fosse a expansão da pós-graduação, o apoio da Fundação Ford e o próprio cenário político internacional, o eixo UFMG-Iuperj enfrentaria mais dificuldades para se estabelecer, possivelmente atrasando-se a institucionalização da Ciência Política e o estabelecimento do modelo politológico-científico no Brasil.

Em suma, é provável que, se não fosse a expansão da pós-graduação, o apoio da Fundação Ford e o próprio cenário político

---

7   Uma análise dedicada à atuação da Fundação Ford pode ser consultada em Faria e Costa (2006).
8   Para mais detalhes sobre os valores envolvidos, consultar Forjaz (1997).

internacional, o eixo UFMG-Iuperj enfrentaria mais dificuldades para se estabelecer, possivelmente atrasando-se a institucionalização da Ciência Política e o estabelecimento do modelo politológico-científico no Brasil.

6.4.2 O CONFLITO COM A TRADIÇÃO SOCIETAL E COM O MARXISMO

Mobilizados e com apoio institucional, a partir do final da década de 1960 ocorreram conflitos intensos entre a visão politológico-científica dos mineiros e cariocas, de um lado, e a chamada *escola paulista*, então eminentemente marxista, de outro.

Além do marxismo, tratado como não científico ou até mesmo anticientífico, os cientistas políticos criticavam abordagens muito sociologizantes, ou seja, que ignoravam a política institucional, como o funcionalismo e o estruturalismo franceses. Em outras palavras, para os cientistas políticos, **o problema maior com o marxismo é epistemológico, enquanto que, com a sociologia francesa, o problema é de enfoque.**

Em 1961, a *Revista Brasileira de Ciências Sociais* foi fundada na UFMG. A revista se tornaria o principal veículo em que os mineiros, então docentes recém-admitidos e pós-graduandos, emitiam seus posicionamentos intelectuais. Os temas, as disciplinas e os posicionamentos teórico-metodológicos publicados sintetizavam a estrutura das ciências sociais em Minas, bem como a trajetória dos cientistas políticos mineiros, cada vez mais positivistas e politológicos (Arruda, 2001)[9].

---

9 Para uma análise aprofundada do contexto e da produção da Revista Brasileira de Ciências Sociais, *consultar Arruda (2001, p. 322-360).*

Em meio às dificuldades do DCP, a *Revista* encerrou suas atividades em 1966 (Arruda, 2001)[10], quando o núcleo do movimento deslocou-se para o Iuperj. No mesmo ano, foi criado o principal meio de posicionamento intelectual do grupo, o periódico *Dados*. Repare no título sugestivo, que ressalta a pesquisa empírica, em um claro recado às abordagens teórico-ensaísticas, então dominantes. Com *Dados*, foi fortalecido o aporte institucional da visão disciplinar defendida pelo grupo, que agora contava com todos os recursos necessários para transformar as ciências sociais no Brasil com base na Ciência Política: financiamento, programas de pós-graduação e um periódico.

O conflito com as ciências sociais praticadas na USP já se expressava nos últimos números da *Revista*, depois da pós-graduação na Flacso e pouco antes do doutoramento nos EUA. Foi quando os posicionamentos do grupo se tornaram mais fortes em defesa da tradição científica, conforme podemos ver a seguir.

> *A ideia de totalidade, como a encontrarmos desenvolvida e utilizada na produção sociológica brasileira mais recente, e na forma pela qual tem curso nas discussões que se dão no ambiente universitário ligado às ciências sociais, parece ter como fonte próxima as teses de Gurvitch e/ou as teses marxistas. Haveria, também, uma certa correlação entre o recurso heurístico à "totalidade", "método dialético" e os "métodos intensivos" ou "qualitativos" de coleta de evidências. [...] Conceitos como o de "interesse objetivo de classe" (contraposto ao interesse empírico ou fenomênico), de "falsa consciência de classe" e "alienação", de "lógica do processo histórico" etc., podem revelar-se efetivos ou não em nível supracientífico de indagação. Não cabe aqui discuti-lo. No nível propriamente científico parecem*

---

10 Em 1986, a Anpocs passaria a publicar um periódico com o mesmo nome.

paralisar a investigação sociológica na tarefa de sempre confirmar qualquer que seja o comportamento da realidade social, as previsões decorrentes do nível essencial, dos inobserváveis. [...] se não se aceita o próprio método da ciência, e se foge ao âmbito do conhecimento científico, recusando-se o critério da autocorreção do conhecimento pela experiência controlada e comunicável, a solução só pode vir de pressupostos mais ou menos irracionais: o argumento de autoridade, o dogma de classe ou de nação etc. (Antônio Octávio Cintra, citado por Arruda, 2001, p. 356-357)

Arruda (2001, p. 357, grifo nosso) resume o argumento de Antonio Octavio Cintra: "Os procedimentos inerentes ao saber empírico são, assim, contrapostos a concepções, como a marxista, que pressupõem a **negação da experiência** como forma mais legítima para construção do conhecimento".

O alvo principal durante a década de 1960 era o marxismo. Nesse sentido, Wanderley Guilherme dos Santos (1980) faz eco às objeções de Antonio Octavio Cintra, conforme podemos verificar na sequência.

Dada a influência incontestável que o marxismo exerce na produção latino-americana, é oportuno assinalar que, entre os entraves ao conhecimento sobre política na América Latina, encontra-se uma variante escolástica do marxismo caracterizada, exatamente como o positivismo do século passado, pelo onanismo conceitual, pela obsessão definicional, pelo fanatismo do dogma. Ao lado da produção marxista de boa qualidade que, juntamente com outras correntes, tem contribuído para o avanço do conhecimento sobre a realidade política latino-americana, amontoam-se volumes e mais volumes, ensaios, revistas e opúsculos estritamente ocupados em decifrar o verdadeiro sentido dos ensinamentos do mestre, em esclarecer conceitos e em distribuir passes de entrada para o círculo dos iluminados e verdadeiros marxistas. (Santos, 1980, p. 25)

O trecho a seguir, também de Santos (1980), acusa a falta de trabalhos que considerem a política institucional.

A busca por um entendimento mais globalizante, menos parcelado, da realidade política é uma característica visível na produção latino-americana. Escassos são os trabalhos de peso que, ocupados somente com uma dimensão apenas do sistema político – seja por exemplo o sistema partidário, o papel do legislativo ou as políticas governamentais –, não procurem de alguma forma referi-los à sociedade global a fim de que ganhem pleno sentido e inteligibilidade. (Santos, 1980, p. 18)

Bolívar Lamounier (1982), outro proeminente cientista político a engajar-se no projeto politológico-científico dos fundadores da Ciência Política brasileira, ecoa as objeções de Santos (1980), acusando a preeminência da tradição societal nos estudos políticos, bem como a própria escassez destes.

Não se trata aqui de discutir o acerto ou não dessa orientação geral dos estudos sociológicos da USP. Afirma-se apenas que ela teve como consequência um sociologismo às vezes exagerado, na medida que [sic] não dirigia a atenção aos temas propriamente políticos, ou político-institucionais. Esta impressão é confirmada por um rápido levantamento da produção de ciências sociais da USP. De 37 teses de doutoramento apresentadas durante o período de 1945 a 1964, [n]o máximo 13 poderiam ser classificadas como estudos de Ciência Política. Dessas 13, duas tratam dos empresários; três versam sobre relações de trabalho e sindicatos; duas sobre educação e movimentos estudantis; uma sobre movimentos messiânicos; duas sobre crescimento econômico e intervenção estatal; três sobre a história do pensamento político. Como se vê, nenhuma focalizou os partidos políticos, em que pese a riqueza, hoje reconhecida da experiência pluripartidária iniciada em 1945; nenhuma tratou do sistema eleitoral então adotado, de suas transformações e implicações, ou dos padrões de comportamento eleitoral; e nem mesmo do papel dos militares ou da estrutura das instituições militares. A leitura sobre partidos e representação política dos anos cinquenta foi quase toda produzida nas escolas de Direito ou por pesquisadores isolados, frequentemente fora do eixo São Paulo-Rio. O próprio fenômeno do ademarismo e do janismo, paulista por excelência, embora chamasse imediatamente a atenção dos jornalistas e de alguns sociólogos fora de São Paulo, não foi abordado pela sociologia paulista até meados dos anos sessenta. (Lamounier, 1982, p. 417-418)

Os trechos anteriores podem sugerir que a oposição dos cientistas políticos seria somente teórico-metodológica ou mesmo política, mas ela vai além. Trata-se de uma discordância mais fundamental: refere-se a um modelo de atividade intelectual diferente e, sobretudo, oposto ao modelo humanístico.

Por uma série de motivos que não nos cabe agora analisar, a sociologia brasileira busca ainda o rigor científico necessário ao seu progresso e à sua eficácia. **O gosto pelo ensaísmo e o divórcio entre a pesquisa empírica e as sistematizações teóricas têm prejudicado ambos os momentos do trabalho científico.** *Já é hora, portanto, constatada a deficiência, de se tentar contribuir para superá-la. No nível teórico essa superação pode ser tentada abandonando-se a pretensão de construir esquemas conceituais muito amplos, desvinculados de toda possibilidade de pesquisa empírica comprobatória, para se tentar a formulação de teorias específicas sobre aspectos mais modestos da realidade social. Tecnicamente, abandonar as teorias gerais para concentrar esforços na elaboração de "teorias de alcance médio".* (Vilmar Faria, citado por Arruda, 2001, p. 358, grifo nosso)

Ao lado de Wanderley Guilherme dos Santos, Fábio Wanderley Reis foi o maior expoente da primeira geração de cientistas políticos brasileiros. No trecho a seguir, de maneira crítica, Reis se dirige aos trabalhos "Empresário industrial e desenvolvimento econômico", de Fernando Henrique Cardoso, "Raízes sociais do populismo em São Paulo", de Francisco Weffort e "A crise do pensamento sociológico", de Octávio Ianni.

> *Não se trata de guerra à dialética, não se trata sequer de defesa do funcionalismo como "enfoque" especial que é: trata-se de propugnar um compromisso mais sério com padrões que orientem o trabalho dos estudiosos dos fenômenos sociais em um sentido em que tal trabalho possa ser fonte de conhecimentos e não reiteração indefinida de princípios gerais.*
> (Arruda, 2001, p. 358)

Quando Reis fala em "padrões que orientem o trabalho" e em "reiteração indefinida de princípios gerais", ele está acusando toda a concepção de trabalho intelectual até então vigente, a qual, segundo ele, era baseada na autoridade do autor e em um conhecimento puramente teórico, distanciado da experimentação e do teste empírico, bem como alheio a mecanismos de avaliação, como a publicação em periódicos arbitrados por pareceres duplo-cego[11].

Levar a política a sério era uma grande questão para os cientistas políticos. A autonomia da política e, sobretudo, o estudo da política institucional orientavam a conduta da maioria, pois não havia consenso entre eles, o que causava divergências no grupo. Nesse sentido,

---

11 *Os artigos enviados a periódicos passam por um processo de avaliação, em que se decide se estes serão ou não publicados. A forma mais aceita, hoje em dia, é o parecer duplo-cego, em que o autor não sabe quem é o parecerista, e o parecerista não sabe quem é o autor. Com o anonimato, o parecer duplo-cego tem como objetivo tornar a avaliação mais objetiva.*

Simon Schwartzman representou uma visão mais ortodoxa, enquanto Gláucio Ary Dillon Soares, sociólogo, era mais favorável a considerar objetos e fatores societais, sem descuidar da política institucional. Os trechos seguintes, retirados da entrevista de Gláucio a Ângela de Castro Gomes e Maria Celina D'Araujo, são esclarecedores.

> *[Gomes e D'Araujo] – Sociedade e política no Brasil[12], ao sair, causou certo impacto na academia. Era uma primeira sistematização do processo eleitoral no Brasil durante um longo período.*
>
> *[Gláucio] – Era sociologia política.*
>
> *[Gomes e D'Araujo] – E aí veio o livro da Maria do Carmo Campello de Souza,* Estado e partidos políticos no Brasil, *em 1976. Enquanto você estudava partidos e eleições, ela estudava partidos e governo.*
>
> *[Gláucio] – Sim. Antes de ler, encontrei com Simon Schwartzman, e ele disse: "É contra a gente!" Simon também me criticava muito por ser pela sociologia política. Ele tendia a privilegiar o político na explicação do político. Àquela altura já tinha publicado* São Paulo e o Estado Nacional, *com a história das coalizões entre o Sul e Minas contra São Paulo. O que a Maria do Carmo dizia era: "Olha, vocês esqueceram os partidos. Tem partido aí". E a verdade é que nós esquecemos os partidos, sim. Mas ela não escreveu isso em um sentido hostil, simplesmente afirmou isso, e era verdade. [...]*
>
> *Como disse há pouco, quem foi muito crítico com o* Sociedade e política no Brasil *foi o próprio Simon, mas pessoalmente, verbalmente. Mandei o livro para o Antônio Otavio Cintra, que é um fantástico crítico, para o*

---

12 O livro trata do processo político brasileiro populista, de 1945 a 1964. Lançando mão de uma abordagem societal, explora as condições socioeconômicas do processo político que se desenrolou nesse período, como a urbanização e a industrialização.

> *Simon e para mais alguém para que fizessem comentários, e o do Simon foi que se devia explicar o político muito mais pelo político. "Para com esse negócio de urbanização, industrialização, classe". Acho que Simon estava negando o passado marxista dele, uma negação que começou na Flacso, porque por um tempo ele se entusiasmou com a perspectiva do Peter Heintz. O problema com o Olavo foi o detalhe de que a unidade de análise não devia ser aquela, enquanto Simon dizia que o enfoque estava errado. Não podia ser sociologia política e afirmar que era ciência política.*
> (Soares, 2008, p. 340-341)

Depois que a Ciência Política mais politológica e científica se estabeleceu, alguns de seus proponentes retomariam interesses intelectuais relegados a um segundo plano nos estágios iniciais da disciplina. Obras como *Discurso sobre o objeto, uma poética do social* (1990)[13], tratando de problemas clássicos de ontologia; *O paradoxo de Rousseau: uma interpretação democrática da vontade geral* (2007); e ensaios como *Intelectuais e propósitos: a riqueza que nada compra* (2008), todos de autoria de Wanderley Guilherme dos Santos, por exemplo, poderiam muito bem ser escritas por um polímata como Evaristo de Moraes Filho.

Além disso, a tradição humanística não chegou a ser eliminada do eixo UFMG-Iuperj. Inclusive, ela esteve presente na Ciência Política mais ortodoxa que se estabeleceu na USP a partir da década de 1970, conforme nos esclarece Lessa (2011b, p. 22).

> *Se tomarmos o exemplo do Departamento de Ciência Política da UFMG, centro que possui forte tradição de pesquisa empírica, encontraremos na reflexão de um de seus fundadores – Fabio Wanderley Reis – presença clara de um diálogo com temas da filosofia política contemporânea. O Iuperj,*

---

13 Para uma exposição do argumento de Santos, consultar Araujo (2013).

nesse aspecto, caracterizou-se pela presença de cursos obrigatórios em teoria política – clássica, moderna e contemporânea –, ao par de cursos mais afinados com orientação, digamos, mais científica. Os cursos por Wanderley Guilherme dos Santos, ao fim dos anos setenta no Iuperj, ao mesmo tempo em que [sic] introduziam textos tais como A lógica da ação coletiva, de Mancur Olson Jr., contemplavam autores tais como Etiènne de La Boétie e sua reflexão, realizada no século XVI, sobre o tema da servidão voluntária. A ciência política desenvolvida na USP, na altura da década de setenta – e mesmo oitenta –, manteve vínculos tradicionais com os campos da Filosofia, da História, da Sociologia e dos estudos sobre Pensamento Político Brasileiro. Uma cultura científica com tinturas mais positivas afirmar-se-á a partir dos anos 90, com a incorporação de questões postas pelo neoinstitucionalismo, em grande medida um desdobramento mais recente da virada implantada pelos "pioneiros" do behaviorismo dos anos cinquenta.

Os cientistas políticos pioneiros também se voltariam contra alguns excessos da Ciência Política contemporânea, como o uso indiscriminado do teste de significância da hipótese nula[14], largamente utilizado em trabalhos que empregam estatística. Jairo Nicolau criticou o excessivo foco em técnicas de pesquisa nos cursos de metodologia – o chamado *metodologismo* – sem abordar fundamentos teóricos da pesquisa.

---

14 *Fábio Wanderley Reis, em palestra proferida no 32º Encontro da Anpocs, realizado em Caxambu, 2008. Usado em estatística, o valor* sig *faz parte do teste de significância da hipótese nula (*nule hypothesis significance testing, NHST*) e indica a probabilidade de se obter os resultados dada a hipótese nula (i.e., identificar relações quando elas não existem). O NHST é empregado para generalizar inferências relativas a uma amostra para toda a população e seu uso indiscriminado colhe críticas na comunidade científica (cf., por exemplo, Gliner, Leech e Morgan, 2002).*

Em outras palavras, sem aplicá-la monoliticamente, os cientistas políticos mineiros e cariocas do eixo UFMG-Iuperj fundaram os alicerces de uma visão disciplinar mais ortodoxa, científico-politológica, que se expandiria fortemente em paralelo à própria Ciência Política a partir da década de 1990, com o fortalecimento da Associação Brasileira de Ciência Política (ABCP) e do crescimento da Ciência Política na Associação Nacional de Pós-Graduação em Pesquisa em Ciências Sociais (Anpocs).

Entre os principais efeitos da tradição politológico-científica, vale destacar:

- Ao serem abertos os primeiros programas de pós-graduação em Ciência Política, deu-se início à autonomização da Ciência Política.
- Ela é a raiz dos mecanismos de estratificação que hoje hierarquizam a produção acadêmica, recompensando trabalhos que foquem a política institucional, bem como empregando teorias e métodos mais científicos segundo critérios positivistas, como estudos empíricos, métodos quantitativos, apresentação e teste de hipóteses, argumentos causais etc.
- Ela disseminou um modelo de atividade intelectual e uma identidade profissional centrados na figura do acadêmico especialista, inspirado no *scholar* estadunidense.

Assim, com os cientistas políticos mineiros e cariocas e a tradição politológico-científica por eles propugnada, encontramos condições propícias para o surgimento e o estabelecimento de uma Ciência Política contemporânea, à imagem da Ciência Política estadunidense.

(6.5) A Ciência Política brasileira atual

Até agora, mostramos que a produção acadêmica da Ciência Política dependeu de um conflito entre visões distintas da disciplina: uma **humanística**, associada à figura do polímata; uma **societal**, posicionada entre os modelos humanístico e científico; e outra **politológico-científica**, relativa à figura do acadêmico especialista. As oposições estiveram vinculadas às trajetórias de grupos capazes de institucionalizar suas visões e abordagens, e essas trajetórias, por sua vez, dependeram das relações de proximidade e distanciamento com outras disciplinas, com o campo intelectual e com a política.

Você provavelmente percebeu que cada visão produziu efeitos distintos sobre a autonomização da Ciência Política, prejudicando-a ou favorecendo-a, instituindo formas diferentes de trabalho intelectual e estimulando o estabelecimento de certas áreas e abordagens na disciplina de hoje. Em outras palavras, as diferentes visões foram responsáveis por gerar a Ciência Política atual.

Entre as **tradições disciplinares**, a maior parte desse campo divide-se entre tradições que lidam com algum órgão, aparelho ou instituição do Estado, como agências governamentais, o Banco Nacional de Desenvolvimento Econômico e Social (BNDES), o Poder Judiciário, os serviços públicos etc. Essa tradição é a **estatal**. Há também a tradição que foca a política institucional, a **politológica**, e as que lidam com fenômenos sociais externos ao Estado e à política, a **societal**. A parte mais importante desse campo divide-se entre as tradições politológica e societal: tradições que entendem a Ciência Política como uma *ciência da política* (sentido estrito) ou como uma **ciência do poder, das desigualdades ou das formas de dominação** (sentido amplo).

Entre as **tradições intelectuais**, há uma grande oposição entre uma tradição científica (mais **positivista**) e outra **humanística**. Essa grande oposição engloba outras mais específicas: entre objetos empíricos e teóricos; entre métodos quantitativos e qualitativos; entre trabalhos mais ou menos científicos (pesquisa empírica, emprego de estatística, apresentação e teste de hipótese e argumentos causais).

Esses fatores combinam-se gerando uma estrutura multidimensional que explica boa parte da produção acadêmica – e, constituindo tradições, são historicamente persistentes, regredindo até a gênese da Ciência Política.

Mas também há uma hierarquia entre essas tradições. Elas não são apenas diferentes, algumas são mais importantes do que outras. Nesse sentido, atualmente imperam as tradições politológicas e os trabalhos de orientação científica. Quanto mais próximo da política institucional e quanto mais características científicas forem assimiladas, mais valor as tradições terão. O uso de estatísticas mais sofisticadas, por exemplo, é um grande agregador de valor. O polo politológico e científico compõe uma visão de ciência política mais ortodoxa. Quanto menos politológica e científica, mais heterodoxa é a visão disciplinar e mais baixa sua posição na hierarquia intelectual.

> A Ciência Política brasileira foi se tornando mais autônoma ao favorecer áreas e abordagens que ressaltam a autonomia da política institucional. Defendendo a autonomia do seu objeto de estudo, a Ciência Política defendeu também sua própria autonomia no meio acadêmico, garantindo cursos específicos, associações próprias e uma profissão própria.

Tal valorização ocorre por meio da avaliação das publicações acadêmicas. No Brasil, a Capes é a agência federal responsável por fixar as regras de avaliação dos programas de pós-graduação. Parte importante da avaliação refere-se à quantidade e à qualidade das publicações. Esta última é medida com base em um sistema de avaliação de periódicos, denominado *Sistema Qualis*, pelo qual cada área de conhecimento distribui os periódicos nacionais e estrangeiros nos seguintes estratos: A1, A2, B1-B5 e C. Já faz algum tempo que a produção qualificada na área de Ciência Política é definida como aquela publicada exclusivamente em periódicos A1, A2 e B1. Nesse sentido, **a tradição politológico-científica predomina nos estratos maiores.**

Assim, a Ciência Política brasileira foi se tornando mais autônoma ao favorecer áreas e abordagens que ressaltam a autonomia da política institucional. Defendendo a autonomia do seu objeto de estudo, a Ciência Política defendeu também sua própria autonomia no meio acadêmico, garantindo cursos específicos, associações próprias e uma profissão própria.

Síntese

Verificamos, neste capítulo, que o processo de autonomização da Ciência Política se deu em virtude do estabelecimento das tradições politológica e científica. Por um lado, a primeira justificou, contra a tradição societal então dominante, a institucionalização de uma disciplina dedicada, sobretudo, à política institucional. Por outro, a disciplina estabeleceu-se importando uma tradição intelectual associada a uma concepção mais ortodoxa de ciência.

Metodologicamente, privilegiaram-se abordagens empírico-quantitativas, causais, fundamentadas na apresentação e em teste de hipóteses e preferencialmente nomotéticas, ou seja, que buscam generalizar seus achados. Essas propriedades referem-se à institucionalização de outra forma de trabalho acadêmico, tendo como base a figura do acadêmico especialista. Entre outras características, esse modelo é favorável à padronização de estilo e de linguagem e favorece artigos publicados em periódicos, opondo-se a uma concepção mais humanística, marcada por forte vocação ensaística, preocupação com o estilo, apreço pela singularidade e concentrada no culto ao autor.

Conforme vimos, o estabelecimento desse modelo de disciplina dependeu da maior valorização das tradições politológica e científica, originalmente associadas à prática de grupos relacionados ao eixo UFMG-Iuperj e, mais tarde, USP, UFRGS e UFPE, disseminando-se a partir do ano 2000.

Questões para revisão

1. Sobre os cientistas políticos do eixo UFMG-Iuperj, assinale a afirmativa correta:
   a) Formaram-se em Ciência Política e se converteram à Sociologia, então hegemônica nas ciências sociais.
   b) Formados na Face, tiveram uma formação mais técnica do que humanística, o que os predispôs a aderir a uma visão mais positivista de ciência.
   c) Tornaram-se positivistas para combater o marxismo nas ciências sociais brasileiras, e depois retornaram à Filosofia.
   d) Desinteressavam-se por matérias sociológicas, de modo que consideraram oportuno importar a Ciência Política estadunidense.
   e) Altamente profissionalizados, desinteressavam-se por política e viam com maus olhos o fato de uma disciplina científica ter orientação normativa

2. Sobre a abordagem de mineiros e cariocas, assinale a afirmativa correta:
   a) Focava a política institucional, desconsiderando, assim, o voto e o comportamento eleitoral.

Fernando Leite

b) Influenciada pelo Direito, tendia a abordar os fenômenos políticos de modo formalista, priorizando o conteúdo escrito das leis.
c) Constituiu-se como uma alternativa à Sociologia, uma disciplina anticientífica e dominada por filósofos.
d) Importou métodos quantitativos e excluiu matérias de epistemologia do currículo dos cursos de pós-graduação.
e) Era simultaneamente politológica e científica, à imagem da Ciência Política estadunidense.

3. Sobre a relação de mineiros e cariocas com a política, assinale a afirmativa correta:
a) A adesão às tradições politológica e científica permitiu a eles transfigurarem seu interesse pela política, estudando-a cientificamente para melhorá-la.
b) Usaram a ciência como pretexto para defender suas visões políticas.
c) Desprezavam valores políticos e entendiam que o papel do cientista político é buscar o conhecimento puro.
d) Seus estudos sobre as instituições políticas em termos ditatoriais os aproximou do comunismo.
e) Negavam a distinção clássica weberiana entre as vocações política e científica.

4. Sobre o legado dos cientistas políticos mineiros e cariocas, assinale a afirmativa correta:
a) Deram início à institucionalização da Ciência Política e forneceram alicerces intelectuais e institucionais para sua autonomização.

b) Fortaleceram e disseminaram o modelo do acadêmico especialista, introduzido anteriormente por Florestan Fernandes.
c) Tornaram a política institucional um objeto legítimo de investigação.
d) Fizeram com que a Ciência Política atual fosse unidimensional e antissocietal.
e) Contribuíram para a hierarquização de aspectos da produção teórico-metodológica, valorizando mais as abordagens científicas.

5. Sobre a Ciência Política brasileira atual, assinale a afirmativa correta:
a) Sua estrutura principal é politológico-societal.
b) Não lida com temas ou preocupações clássicas herdadas da Antiguidade.
c) Comporta uma pluralidade de temas e abordagens, porém as hierarquiza privilegiando estudos politológicos e científicos.
d) Expurgou estudos societais e ensaísticos da pós-graduação.
e) É plural e altamente diferenciada, planificando as chances de sucesso profissional.

Questões para reflexão

1. Explique em que sentido os intelectuais precursores contribuíram para a criação da Ciência Política brasileira.
2. Resuma o modelo de Ciência Política introduzido por cariocas e mineiros.

Fernando Leite

Para saber mais

Artigos

AVRITZER, L.; MILANI, C. R. S.; MENEGUELLO, R. Ciência Política no Brasil: história, conceitos e métodos – projeto apresentado pela ABCP à fundação Ford e ao Institute for International Education (IIE). Disponível em: <http://www.cienciapolitica.org.br/wp-content/uploads/2013/08/Projeto_MemóriaCP_ABCP201314.pdf>. Acesso em: 26 jul. 2016.

FIGUEIREDO, C. A. S. Dossiê: metodologias e métodos de pesquisa em ciência política. **Pensamento Plural**, Pelotas, n. 14, jan./jun. 2014. Disponível em: <https://periodicos.ufpel.edu.br/ojs2/index.php/pensamentoplural/article/view/4273/3409>. Acesso em: 25 jul. 2016.

Vídeo

CIÊNCIA política no Brasil: história, conceitos e métodos – São Paulo (1/4). AABCP – Associação Brasileira de Ciência Política. 15 fev. 2015. Disponível em: <https://www.youtube.com/watch?v=5YQiv4GaIIQ>. Acesso em: 22 jul. 2016.

Reunião do projeto Ciência Política no Brasil, em São Paulo, realizada pela ABCP em parceria com a Fundação Ford. Vídeo dividido em 4 partes (as outras estão disponíveis no *link*).

Para concluir...

As necessidades pelas quais passamos durante nossa evolução fizeram com que desenvolvêssemos tecnologias cada vez mais avançadas para garantir nossa sobrevivência e melhorar nossa qualidade de vida. Com a sofisticação da linguagem e do pensamento, as diversas ciências surgiram, aumentando cada vez mais a capacidade de controlarmos o ambiente da forma mais conveniente. Foi natural, então, que houvesse avanços também nas relações entre nós e os outros, ou seja, nas relações sociais.

Dessa maneira, surgiram as primeiras preocupações com a *coisa pública*, ou seja, aquilo que é comum a todos, aquilo que diz respeito à realidade da pólis. Vários pensadores debruçaram-se nos estudos sobre esse assunto, abordando temas que constituem o pensamento político, que, mais tarde, com os avanços teóricos desenvolvidos por Maquiavel, formariam a ciência da política.

Porém, mais de dois mil anos de história se passaram entre continuidades e mudanças, progressos e retrocessos, concordâncias e discordâncias, e a ciência da política permanece atrelada a uma questão fundamental: como a política pode contribuir para o bem-estar da humanidade? E, para respondermos a ela, necessariamente temos de resolver o seguinte problema: qual é a melhor forma de governar?

A complexidade desse problema desafia os limites da nossa compreensão, pois temos consciência de que somos diferentes uns dos outros. Mas somos criaturas sociais e, embora sejamos diferentes e acreditemos em coisas distintas, ao mesmo tempo dependemos dos mesmos recursos e desejamos evoluir cada vez mais. Por isso, os conflitos fazem parte da natureza humana, e um dos propósitos da política é atenuá-los, com vistas a garantir o máximo possível de boa vida (bem-estar) a todos.

Apesar de imperfeita, hoje há certo consenso quanto à superioridade da democracia sobre as outras formas de governo. A separação dos poderes e o estabelecimento das instituições políticas nos libertaram do despotismo de um líder único. O conflito entre os diversos partidos torna mais difícil a hegemonia de uma única visão de mundo, da proeminência dos mesmos interesses. Hoje, valores cívicos estão mais ou menos dispersos pela sociedade, e há maior aceitação da necessidade de uma justiça comum, além de uma pressão por mais igualdade e liberdade. Em suma, aos poucos, estamos desenvolvendo mecanismos para controlar a corrupção e a ambição de nossos representantes, tentando nos aproximar de um mundo ideal.

Mas ainda se discute qual seria a melhor democracia. Alguns acreditam que democracia e capitalismo não combinam, outros clamam por mais participação popular, outros, ainda, favorecem o sistema representativo, porém, com novidades institucionais, para aumentar a responsabilização dos políticos diante das suas decisões.

Assim, a ciência da política, com os estudos desenvolvidos por sua forma institucionalizada como disciplina autônoma – a Ciência Política – e com o apoio de ciências afins, como a sociologia e a filosofia, continuará a pesquisar e a propor novas soluções para esse problema. Boa parte das novas ideias não sairá dos textos, nem será implementada com sucesso. Mas buscar o melhor é o que faz a humanidade evoluir, e, enquanto existirem pessoas sobre a Terra, haverá algum tipo de sistema político para governá-las. É, pois, o destino da Ciência Política auxiliar na constante busca pela boa vida de todos.

Fernando Leite

Referências

ALMOND, G. A. **A Discipline Divided**: Schools and Sects in Political Science. Newbury Park: Sage Publications, 1990.

_____. Political Science: The History of the Discipline. In: GOODIN, R. E.; KLINGEMANN, H.-D. **A New Handbook of Political Science**. New York: Oxford University Press, 1991. p. 50-96.

ARAUJO, C. Wanderley Guilherme dos Santos: ontologia e política. In: SOARES, D. O. **Leituras críticas sobre Wanderley Guilherme dos Santos**. Belo Horizonte: Ed. da UFMG; Perseu Abramo, 2013. p. 121-158.

ARAUJO, C.; REIS, B. A formação do pós-graduando em Ciência Política. In: MARTINS, C. B. (Ed.). **Para onde vai a pós-graduação em ciências sociais no Brasil**. Bauru: Edusc, 2005. p. 51-72.

ARRUDA, M. A. do N. A modernidade possível: cientistas e ciências sociais em Minas Gerais. In: MICELI, S. (Org.). **História das ciências sociais no Brasil**. 2. ed. São Paulo: Sumaré, 2001. v. 1. p. 277-368.

_____. A sociologia no Brasil: Florestan Fernandes e a escola paulista. In: MICELI, S. (Org.). **História das ciências sociais no Brasil**. São Paulo: Sumaré, 1995. p. 107-232.

BALTZLY, D. Stoicism. In: ZALTA, E. et al. (Ed.). **Stanford Dictionary of Philosophy**. Stanford: Stanford University Press, 2014.

BANG, P. F. The Ancient Economy and New Institutional Economics. **The Journal of Roman Studies**, Cambridge, v. 99, p. 194-206, 2009.

BELLAMY, R. Introduction: the Demise and Rise of Political Theory. In: _____. (Ed.). **Theories and Concepts of Politics**: an Introduction. Manchester; New York: Manchester University Press, 1993. p. 1-15.

BERTRAM, C. Jean-Jacques Rousseau. In: ZALTA, E. et al. (Ed.). **Stanford Dictionary of Philosophy**. Stanford: Stanford University Press, 2012.

BOURDIEU, P. O campo político. **Revista Brasileira de Ciência Política**, Brasília, v. 3, n. 5, p. 193-216, jan./jul. 2011.

BURKE, P. **A Social History of Knowledge**: from Gutenberg to Diderot. Cambridge: Polity, 2000.

CARVALHO, J. M. de. Entrevista com José Murilo de Carvalho. Entrevista concedida a Lucia Lippi Oliveira, Marieta de Moraes Ferreira e Celso Castro. 9 out. 1998. **Estudos Históricos**, Rio de Janeiro, v. 12, n. 22, p. 357-377, 1998.

CRICK, B. **The American Science of Politics**: its Origins and Conditions. Berkeley: University of California Press, 1959.

DESCARTES, R. **Discurso sobre o método**. Petrópolis: Vozes, 2008.

EASTON, D. Political Science in the United States: Past and Present. **International Political Science Review**, Columbia, Camberra, v. 6, n. 1, p. 133-152, Jan. 1985. Disponível em: <http://www.cesruc.org/uploads/soft/130304/1-1303041AK6.pdf>. Acesso em: 20 mar. 2016.

FARIA, L.; COSTA, M. C. da. Cooperação científica internacional: estilos de atuação da Fundação Rockefeller e da Fundação Ford. **Dados: Revista de Ciências Sociais**, Rio de Janeiro, v. 49, n. 1, p. 159-191, 2006. Disponível em: <http://www.scielo.br/scielo.php?script=sci_arttext&pid=S0011-52582006000100007>. Acesso em: 20 mar. 2016.

FARR, J. The History of Political Science. **American Journal of Political Science**, Bloomington, v. 32, n. 4, p. 1175-1195, Nov. 1988.

FARR, J.; SEIDELMAN, R. (Org.). **Discipline and History**: Political Science in the United States. Ann Arbor: University of Michigan Press, 1993.

FERES JUNIOR, J. Aprendendo com os erros dos outros: o que a história da ciência política americana tem para nos contar. **Revista de Sociologia e Política**, Curitiba, v. 15, p. 97-110, nov. 2000. Disponível em: <https://www.researchgate.net/publication/26368124_Aprendendo_com_os_erros_dos_outros_o_que_a_historia_da_ciencia_politica_americana_tem_para_nos_contar>. Acesso em: 20 mar. 2016.

FINIFTER, A. W. (Ed.). **Political Science**: the State of the Discipline. Washington, DC: American Political Science Association, 1983.

FORJAZ, M. C. S. A emergência da ciência política no Brasil: aspectos institucionais. **Revista Brasileira de Ciências Sociais**, São Paulo, v. 12, n. 35, fev. 1997. Disponível em: <http://www.scielo.br/scielo.php?script=sci_arttext&pid=S0102-69091997000300007>. Acesso em: 20 mar. 2016.

GLINER, J. A.; LEECH, N. L.; MORGAN, G. A. Problems With Null Hypothesis Significance Testing (NHST): What Do the Textbooks Say? **The Journal of Experimental Education**, Washington, DC, v. 71, n. 1, p. 83-92, Fall 2002. Disponível em: <https://www.andrews.edu/~rbailey/Chapter%20two/7217331.pdf>. Acesso em: 20 mar. 2016.

GOODIN, R. E.; KLINGEMANN, H. D. (Ed.). **A New Handbook of Political Science**. New York: Oxford University Press, 1996.

HARPHAM, E.; SEIDELMAN, R. **Disenchanted Realists**: Political Science and the American Crisis, 1884-1984. Albany: Suny Press, 1985.

JACKSON, L. C. Gerações pioneiras na sociologia paulista (1934-1969). **Tempo Social: Revista de Sociologia da USP**, São Paulo, v. 19, n. 1, p. 115-130, 2007a.

_____. Tensões e disputas na sociologia paulista (1940-1970). **Revista Brasileira de Ciências Sociais**, São Paulo, v. 22, n. 65, p. 33-49, out. 2007b. Disponível em: <http://www.redalyc.org/pdf/107/10706504.pdf>. Acesso em: 20 mar. 2016.

JAGUARIBE, H. Entrevista com professor Hélio Jaguaribe de Mattos. **História da Ciência**: arquivo histórico do CLE/Unicamp. Entrevista concedida a Hiro Barros Kumasaka e Luitgarde O. C. Barros. Rio de Janeiro, 9 mar. 1988. Disponível em: <https://www.yumpu.com/pt/document/view/33501449/haclio-jaguaribe-de-mattos-cle-unicamp>. Acesso em: 20 mar. 2016.

_____. Iseb: um breve depoimento e uma reapreciação crítica. **Cadernos de Opinião**, Rio de Janeiro, n. 14, p. 94-110, out./nov. 1979.

JENSEN, R. History and the Political Science. In: LIPSET, S. M. (Ed.). **Politics and the Social Sciences**. New York: Oxford University Press, 1969. p. 1-28.

KAPLAN, A. **The Conduct of Inquiry**: Methodology for Behavioral Science. San Francisco: Chandler, 1964.

KEINERT, F. C.; SILVA, D. P. A gênese da ciência política brasileira. **Tempo Social: Revista de Sociologia da USP**, São Paulo, v. 22, n. 1, p. 79-98, 2010. Disponível em: <http://www.scielo.br/pdf/ts/v22n1/v22n1a05.pdf>. Acesso em: 20 mar. 2016.

LAMOUNIER, B. a ciência política no Brasil: roteiro para um balanço crítico. In: _____. **A ciência política nos anos 80**. Brasília: Ed. da UnB, 1982. p. 361-384.

LANE, M. Ancient Political Philosophy. In: ZALTA, E. et al. (Ed.). **Stanford Dictionary of Philosophy**. Stanford: Stanford University Press, 2014.

_____. Plato's Political Philosophy: the Republic, the Statesman and the Laws. In: GILL, M. L.; PELLEGRIN, P. (Ed.). **A Companion to Ancient Philosophy**. Oxford: Blackwell, 2006. p. 170-191.

LEITE, F. **O campo de produção da ciência política brasileira contemporânea**: uma análise histórico-estrutural de seus princípios de divisão a partir de periódicos, áreas e abordagens. 252 f. Tese (Doutorado em Sociologia) – Universidade Federal do Paraná, Curitiba, 2015. Disponível em: <http://dspace.c3sl.ufpr.br/dspace/bitstream/handle/1884/37966/R%20-%20T%20-%20FERNANDO%20LEITE.pdf?sequence=3&isAllowed=y>. Acesso em: 20 mar. 2016.

LEPENIES, W. **As três culturas**. São Paulo: Edusp, 1996.

LESSA, R. Da interpretação à ciência: por uma história filosófica do conhecimento político no Brasil. **Lua Nova: Revista de Cultura e Política**, São Paulo, n. 82, p. 17-60, 2011a.

_____. O campo da ciência política no Brasil: uma aproximação construtivista. **Revista Estudos Hum(e)anos**, Belo Horizonte, Rio de Janeiro, n. 2, p. 3-31, jan. 2011b.

LIPSET, S. M. **Political Man**: the Social Bases of Politics. New York: Doubleday & Company, 1969.

MARENCO, A. The Three Achilles' Heels of Brazilian Political Science. **Brazilian Political Science Review**, São Paulo, v. 8, n. 3, p. 3-38, Sept./Dec. 2014. Disponível em: <http://www.scielo.br/pdf/bpsr/v8n3/1981-3821-bpsr-8-3-0003.pdf>. Acesso em: 20 mar. 2016.

MARTINS, L. A gênese de uma intelligentsia: os intelectuais e a política no Brasil – 1920 a 1940. **Revista Brasileira de Ciências Sociais**, São Paulo, v. 2, n. 4, p. 65-87, jul. 1987.

MICELI, S. **A desilusão americana**: relações acadêmicas entre Brasil e Estados Unidos. São Paulo: Sumaré, 1990.

_____. **A Fundação Ford no Brasil**. São Paulo: Sumaré, 1993.

_____. Condicionantes do desenvolvimento das ciências sociais. In: _____. **História das ciências sociais no Brasil**. São Paulo: Sumaré, 2001. v. 1. p. 91-134.

MILLER, F. Aristotle's Political Theory. In: ZALTA, E. et al. (Ed.). **Stanford Dictionary of Philosophy**. Stanford: Stanford University Press, 2012.

MONTESQUIEU, C.-L de S. **Do espírito das leis**. São Paulo: Abril Cultural, 1973. (Coleção Os Pensadores, v. 21).

MORAES FILHO, E. de. Entrevista com Professor Evaristo de Moraes Filho. **História da Ciência**: depoimentos orais realizados pelos Arquivos Históricos do CLE/Unicamp. Entrevista concedida a Hiro Barros Kumasaka e Luitgarde O. C. Barros. Rio de Janeiro, 8 mar. 1988. Disponível em: <http://www.bvemf.ifcs.ufrj.br/Arquivos/Entrevistas/Entrevista%20Luitgarde_unicamp.pdf>. Acesso em: 3 out. 2016.

MUNCK, G. L. The Past and Present of Comparative Politics. **Working Paper**, Kellog Institute, Notre Dame, n. 330, p. 1-44 Oct. 2006.

PASQUINO, G. A ciência política italiana: profissionalização lenta e desigual. In: LAMOUNIER, B. **A Ciência Política nos anos 80**. Brasília: Ed. da UnB, 1982.

PEIXOTO, F. Franceses e norte-americanos nas ciências sociais brasileiras (1930-1960). In: MICELI, S. (Org.). **História das ciências sociais no Brasil**. São Paulo: Sumaré, 2001. v. 1. p. 477-532.

PETERS, G. **Institutional Theory in Political Science**: the "New Institutionalism". London; New York: Continuum, 1999.

PLATÃO. **A República**. São Paulo: Escala Editorial, 2011a. Livro I.

____. ____. São Paulo: Escala Editorial, 2011b. Livro II.

____. **As leis**. São Paulo: Edipro, 2010.

____. **Político**. São Paulo: Abril, 1972. (Coleção Os Pensadores).

PULICI, C. De como o sociólogo brasileiro deve praticar seu ofício: as cátedras de sociologia da USP entre 1954 e 1969. **Perspectivas: Revista de Ciências Sociais**, São Paulo, v. 31, p. 97-120, jan./jun. 2007. Disponível em: <http://seer.fclar.unesp.br/perspectivas/article/download/522/460>. Acesso em: 20 mar. 2016.

____. **Entre sociólogos**: versões conflitivas da "condição de sociólogo" na USP dos anos 1950/60. São Paulo: Edusp, 2008.

QUIRINO, C. Departamento de Ciência Política. **Estudos Avançados**, São Paulo, v. 8, n. 22, p. 337-348, set./dez. 1994.

REIS, E. P.; REIS, F. W.; VELHO, G. As ciências sociais nos últimos 20 anos: três perspectivas. **Revista Brasileira de Ciências Sociais**, São Paulo, v. 12, n. 35, fev. 1997. Disponível em: <http://www.scielo.br/scielo.php?script=sci_arttext&pid=S0102-69091997000300002>. Acesso em: 20 mar. 2016.

REIS, F. W. A propósito de ciência e dialética. **Revista Brasileira de Ciências Sociais** (da Faculdade de Ciências Econômicas da Universidade Federal de Minas Gerais), Belo Horizonte, v. 4, n. 1, jun. 1966. Disponível em: <https://www.scribd.com/document/53829874/A-proposito-de-ciencia-e-dialetica>. Acesso em: 17 out. 2016.

RICCI, D. **The Tragedy of Political Science**. New Haven: Yale University Press, 1984.

RIKER, W. H. Political Theory and the Art of Heresthetics. In: FINIFTER, A. W. (Ed.). **Political Science**: The State of the Discipline. Washington, DC: American Political Science Association, 1983. p. 47-67.

SANTOS, W. G. dos. A ciência política na América Latina. **Dados: Revista de Ciências Sociais**, Rio de Janeiro, v. 23, n. 1, p. 15-27, 1980.

____. **Roteiro bibliográfico do pensamento político-social brasileiro (1870-1965)**. Rio de Janeiro: Oswaldo Cruz, 2002.

SEIDELMAN, R.; HARPHAM, E. **Disenchanted Realists**: Political Science and the American Crisis, 1884-1984. Albany: State University of New York Press, 1985.

SOARES, G. A. D. Entrevista com Gláucio Ary Dillon Soares. Entrevista concedida a Angela de Castro Gomes e Maria Celina D'Araujo. 5-12 maio 2008. **Estudos Históricos**, Rio de Janeiro, v. 21, n. 42, p. 323-349, jul./dez. 2008. Disponível em: <http://www.scielo.br/pdf/eh/v21n42/v21n42a11.pdf>. Acesso em: 20 mar. 2016.

SOMIT, A.; TANENHAUS, J. **The Development of American Political Science**: From Burgess to Behavioralism. Boston: Allynand Bacon, 1967.

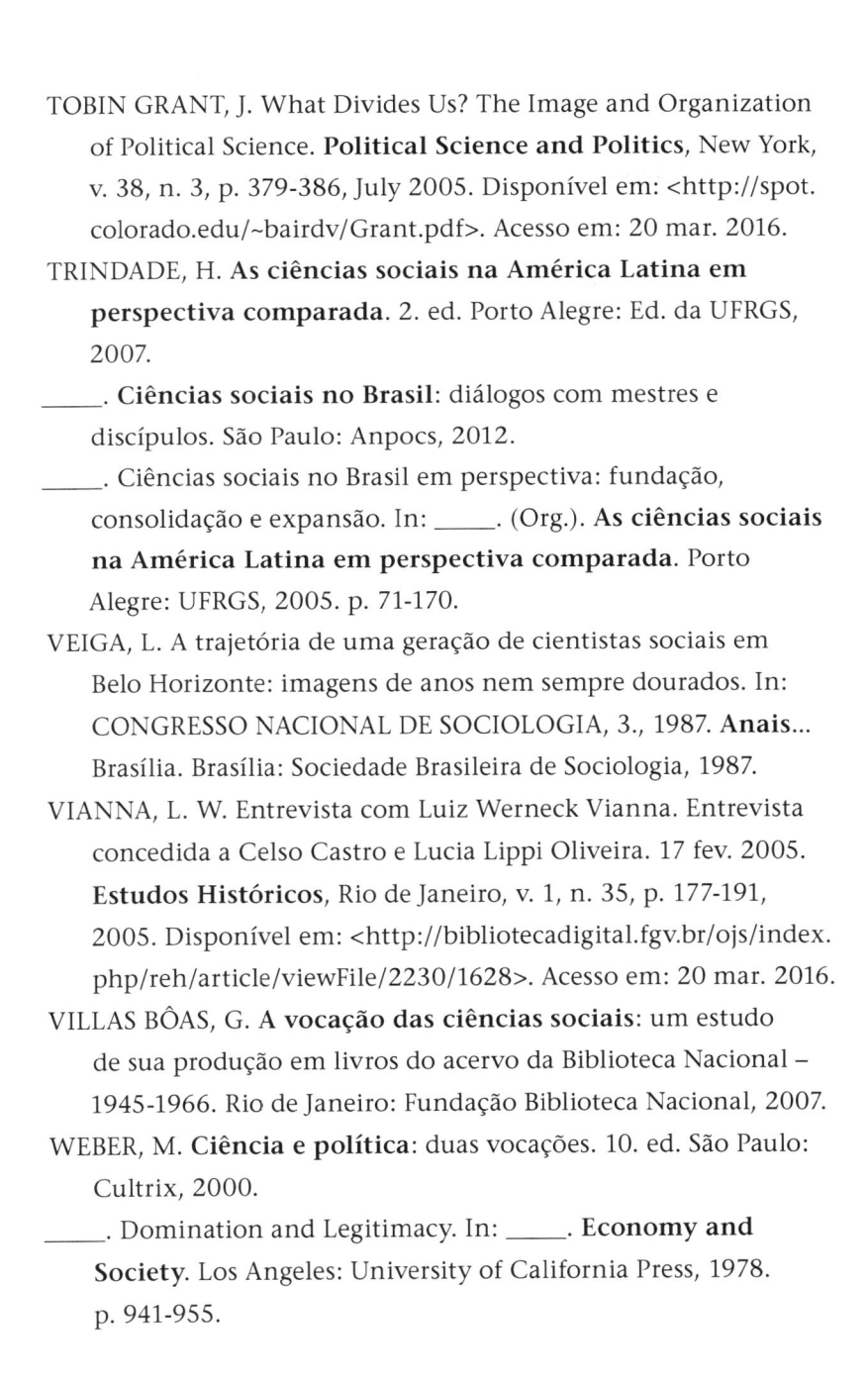

TOBIN GRANT, J. What Divides Us? The Image and Organization of Political Science. **Political Science and Politics**, New York, v. 38, n. 3, p. 379-386, July 2005. Disponível em: <http://spot.colorado.edu/~bairdv/Grant.pdf>. Acesso em: 20 mar. 2016.

TRINDADE, H. **As ciências sociais na América Latina em perspectiva comparada**. 2. ed. Porto Alegre: Ed. da UFRGS, 2007.

_____. **Ciências sociais no Brasil**: diálogos com mestres e discípulos. São Paulo: Anpocs, 2012.

_____. Ciências sociais no Brasil em perspectiva: fundação, consolidação e expansão. In: _____. (Org.). **As ciências sociais na América Latina em perspectiva comparada**. Porto Alegre: UFRGS, 2005. p. 71-170.

VEIGA, L. A trajetória de uma geração de cientistas sociais em Belo Horizonte: imagens de anos nem sempre dourados. In: CONGRESSO NACIONAL DE SOCIOLOGIA, 3., 1987. **Anais**... Brasília. Brasília: Sociedade Brasileira de Sociologia, 1987.

VIANNA, L. W. Entrevista com Luiz Werneck Vianna. Entrevista concedida a Celso Castro e Lucia Lippi Oliveira. 17 fev. 2005. **Estudos Históricos**, Rio de Janeiro, v. 1, n. 35, p. 177-191, 2005. Disponível em: <http://bibliotecadigital.fgv.br/ojs/index.php/reh/article/viewFile/2230/1628>. Acesso em: 20 mar. 2016.

VILLAS BÔAS, G. **A vocação das ciências sociais**: um estudo de sua produção em livros do acervo da Biblioteca Nacional – 1945-1966. Rio de Janeiro: Fundação Biblioteca Nacional, 2007.

WEBER, M. **Ciência e política**: duas vocações. 10. ed. São Paulo: Cultrix, 2000.

_____. Domination and Legitimacy. In: _____. **Economy and Society**. Los Angeles: University of California Press, 1978. p. 941-955.

Respostas

Capítulo 1

Questões para revisão
1. d
2. e
3. a
4. d
5. b

Questões para reflexão
1. *Constituição mista* refere-se ao princípio de mesclar as características de cada forma de governo com vistas a neutralizar suas possíveis degenerações. Platão e Aristóteles tinham visões aristocráticas da política, preferindo que o governante fosse um homem virtuoso, isto é, dirigido pela inteligência racional. Mas isso dificilmente é possível. Assim, o melhor governo – o governo do melhor –, pode ser o pior, caso seja degenerado (por exemplo, a tirania e também a oligarquia, forma degenerada da aristocracia – governo de poucos). A constituição mista, como no caso romano, tenta representar cada forma de

governo em uma instituição específica, como o Consulado, o Senado e a Assembleia. Isso serviu de fundamento para a atual separação dos poderes.
2. Aristóteles define seis formas de governo, distinguidas pela quantidade (quantos governam) e pela qualidade (forma pura e impura). Quando um indivíduo governa na forma pura, temos a *monarquia* – nesse caso, um líder virtuoso, racional e esclarecido governa a cidade-Estado. Sua forma impura, degenerada, é a *tirania* – na qual um líder corrupto, entregue aos seus desejos, submete a cidade-Estado aos seus caprichos. A seguir, temos o governo de poucos, a *aristocracia* (em sua forma pura) e a *oligarquia* (em sua forma impura). No primeiro caso, indivíduos usam o poder racionalmente, tendo em vista a realização da finalidade natural das coisas, buscando assim a virtude e a justiça. No segundo caso, usam o poder para aumentar suas posses. Por fim, temos o governo de muitos, a *democracia* (a forma impura), em que os pobres governam, porém, sem o esclarecimento necessário para atingir o bem-estar geral, e a *politeia* (forma pura), em que os cidadãos esclarecidos deliberam pelo bem comum.

Capítulo 2

Questões para revisão
1. b
2. a
3. e
4. b
5. c

Questões para reflexão
1. Rousseau fala em *amor de si* e em *amor próprio*. O amor de si é positivo e existe, sobretudo, próximo do estado de natureza. Refere-se à autopreservação e estende-se aos mais próximos, envolvendo a compaixão. Não se trata, portanto, de egoísmo: é um sentimento defensivo, uma atitude harmoniosa. Já o amor próprio é uma forma de sentimento egoísta, uma vontade de estar acima dos outros, ter mais valor do que os demais. No amor próprio, a satisfação e a autoestima do indivíduo dependem de sobrepujar os demais em alguma área da vida, como em posses materiais. Para Rousseau, o amor próprio é a raiz dos conflitos e das desigualdades e é estimulado pela vida social.
2. Houve avanços substanciais na teoria das formas de governo, desenvolvendo-se a ideia de constituição mista, inclusive com aplicações práticas, como o caso de Veneza, e com o desenvolvimento, mais tarde, nos Estados Unidos, da teoria democrática. Os problemas do poder e da soberania foram profundamente estudados pelos contratualistas. O tratamento empírico dos fatos também passou a ser desenvolvido, como em Montesquieu e, sobretudo, em Tocqueville, que também empregou um método histórico-comparativo. Tivemos, ainda, avanços no terreno da lógica, com John Stuart Mill. Tudo isso tornou os estudos políticos mais prolíficos e científicos, fundamentando a Ciência Política contemporânea.

Capítulo 3

Questões para revisão
1. e
2. c

3. a
4. b
5. c

Questões para reflexão

1. A Ciência Política estadunidense pode ser dividida em, pelo menos, três etapas. A primeira, *institucionalista*, entre 1880 e 1920, aproximadamente, focava as instituições do Estado, em particular a Constituição. Era eminentemente histórico-comparativa no método e claramente comprometida com a democracia, no sentido de educar os cidadãos. Depois disso, houve a *revolução comportamentalista*, em que o objeto deslocou-se para o comportamento dos eleitores e a abordagem tornou-se mais científica, sobretudo quantitativa, com comprometimentos normativos menos explícitos. A partir da década de 1950, ocorreu uma profusão de objetos e de abordagens: a política institucional voltou ao foco e as abordagens tornaram-se mais científicas e positivistas.

2. A Ciência Política nasceu mais próxima das disciplinas de História e Filosofia, particularmente de tradição alemã. Ela se autonomizou institucionalmente sobretudo por um propósito normativo: estudar instituições políticas para melhorar a democracia estadunidense. Já institucionalizada, na sequência, a Ciência Política importou novas abordagens para se tornar mais científica, sacrificando pontualmente sua autonomia intelectual. Assim, aproximou-se da Psicologia, da Sociologia e da Economia. Enfim, com o neoinstitucionalismo, a partir da década de 1990, a Ciência Política estadunidense pôde tornar-se autônoma tanto institucionalmente como

intelectualmente, com um objeto próprio, tratado como autônomo e com base em abordagens científicas.

Capítulo 4

Questões para revisão
1. d
2. d
3. b
4. a
5. c

Questões para reflexão
1. O erudito polímata inscreve-se na tradição humanística. Trata-se de uma figura, um arquétipo de intelectual eclético, que adere à concepção do conhecimento universal. É versado em várias disciplinas, em particular as que hoje definimos sob os termos *ciências humanas, letras e artes*. O acadêmico especialista, o *scholar*, é mais próximo da tradição científica e foi se desenvolvendo à medida que as ciências se especializavam e características tipicamente científicas, como o apreço pela evidência empírica e por evidências particulares, foram se fortalecendo. Isso não quer dizer, é claro, que não haja especialistas nas ciências humanas de hoje.
2. O acadêmico especialista. A Ciência Política estadunidense estabeleceu-se buscando ser científica, próxima dos parâmetros das ciências naturais. Nesse sentido, foi se tornando cada vez mais especializada, sobretudo à medida que foi se fragmentando em áreas e em abordagens distintas e, por vezes, opostas. Mas essa fragmentação não colocou em risco a tendência à especialização, ou seja, a proeminência de uma forma de

conhecimento mais científica. Isso fez com que mesmo acadêmicos com tendências humanísticas fossem, na prática, muito mais especializados que seus antepassados.

Capítulo 5

Questões para revisão
1. b
2. e
3. a
4. c
5. e

Questões para reflexão
1. A tradição societal enfatiza relações de força externas à política institucional. Trata-se de uma concepção ampla de poder. Essa concepção é tipicamente sociológica. Assim, se não estudarmos a política institucional, faz pouco sentido termos uma disciplina específica, separada da Sociologia.
2. Podemos pensar em vários aspectos e ressaltar alguns deles, como os processos de especialização e profissionalização, pontuados, em particular, na cátedra presidida por Florestan Fernandes. A formação de um campo acadêmico autônomo também foi condição para a institucionalização da Ciência Política. Além disso, ao opor-se à Sociologia praticada na época, a Ciência Política acabou ressaltando a política institucional – sem, mais tarde, deixar de incorporar abordagens societais.

Capítulo 6

Questões para revisão
1. b
2. e
3. a
4. d
5. c

Questões para reflexão
1. Os intelectuais precursores não ignoravam a política institucional. Victor Nunes Leal, na verdade, tratou de instituições políticas com alguns detalhes. Isso fez com que os cientistas políticos mineiros e cariocas se apropriassem do pensamento político brasileiro como precursor direto da Ciência Política. Assim, os intelectuais precursores abriram um precedente para o estabelecimento da tradição politológica no Brasil, o que contribuiu indiretamente para a criação da Ciência Política brasileira.
2. Trata-se de um modelo politológico-científico, ou seja, que desloca a política institucional para o foco das atenções e mobiliza teorias e métodos mais científicos para abordá-la. Métodos quantitativos, estatística, argumentos causais, teste de hipótese, orientação nomotética e um estilo mais técnico marcam a abordagem introduzida por esses cientistas. Em boa medida, importam o modelo de Ciência Política estadunidense ao doutorarem-se em famosas universidades desse país. Hoje, a proeminência do neoinstitucionalismo e de estudos de cultura política são herdeiros diretos da disciplina constituída

pelos cientistas políticos mineiros e cariocas, estendendo-se a centros importantes, como a Universidade de São Paulo (USP), a Universidade Federal do Rio Grande do Sul (UFRGS) e a Universidade Federal de Pernambuco (UFPE), na década de 1970, e por todo o país, a partir, sobretudo, do ano 2000.

Sobre o autor

Fernando Leite é doutor em Sociologia pela Universidade Federal do Paraná (UFPR), com doutorado sanduíche no *Latin American Centre* da Universidade de Oxford, do Reino Unido. Em um trabalho inovador, mapeou, em sua tese, a estrutura da ciência política brasileira contemporânea com base numa abordagem histórico-estrutural. É pesquisador do Núcleo de Estudos em Sociologia Política Brasileira (Nusp) da UFPR.

Impressão:
Dezembro/2016